왜
정도전은
새로운 사회를
꿈꾸었을까?

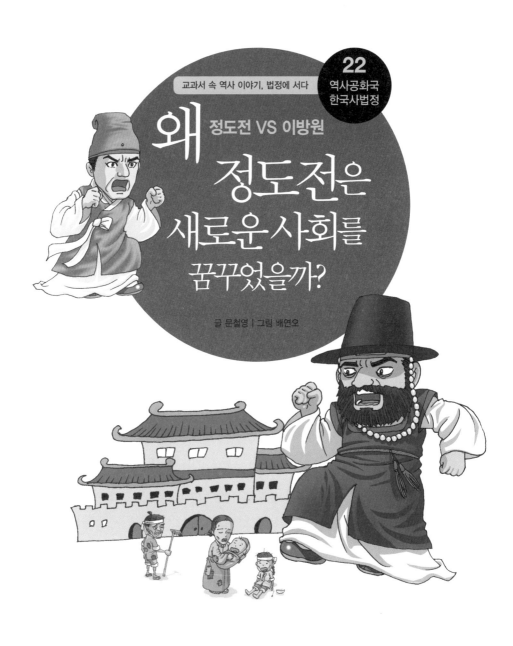

교과서 속 역사 이야기, 법정에 서다

22
역사공화국
한국사법정

왜 정도전 VS 이방원

왜 정도전은
새로운 사회를
꿈꾸었을까?

글 문철영 | 그림 배연오

|주|자음과모음

우리 청소년들에게 가장 필요한 것은 새 시대를 향한 희망의 길목에서 새로운 '꿈'을 꾸는 것입니다. 이는 인터넷에 떠돌아다니는 가십거리와 같은 흥미 위주의 정보 속에서 망상을 키워 나가라는 말은 아닙니다. 파노라마처럼 펼쳐지는 우리 역사의 현장에서 '우리' 속의 '나'를 찾아갈 수 있도록, 과거의 '우리'에 대한 기억이라 할 수 있는 역사와 지속적인 대화를 나누어야 합니다. 그리고 그 대화 속에서 미래의 꿈을 키워 나갈 수 있어야 합니다.

1964년 노벨 평화상을 받은 미국의 마틴 루터 킹(1929~1968) 목사가 키웠던 꿈이 한 흑인 외톨이 소년에게 비전이 되었으며, 그 소년은 자라 미국의 제44대 대통령이 됩니다. 바로 버락 오바마이지요. 청소년 여러분의 꿈도 우리 역사와의 대화를 통한 미래의 비전

왜 정도전은 새로운 사회를 꿈꾸었을까?

으로 생명력을 지녀야 할 것입니다.

우리 역사에서도 새 시대를 향한 새로운 꿈을 꾼 위인들은 많지만, 조선 건국을 담당한 대정치가인 동시에 고려의 사회 질서와 이념 체계를 비판하고 조선 왕조의 통치 질서의 기본 방향을 제시한 정도전은 정치·경제·국방·사상에 이르기까지 포괄적인 변화를 주도했다는 점에서 그 위치가 남다르다고 할 수 있습니다.

조선 왕조가 고려와 달리 성리학적 민본 국가의 성격을 띠고 건국될 수 있었던 배경에는 정도전의 노력이 있었습니다. 그는 새로운 정치 공동체의 건설을 위한 이념적·경제적·제도적 기반을 튼튼히 함으로써 도덕 정치의 이상과 조선의 현실을 접목하여 새로운 왕조가 탄생하길 원했습니다. 새 왕조의 성공은 국왕 가문의 성공이 아니라 백성의 성공이라고 믿었기 때문입니다. 정도전은 목숨을 걸고 혁명을 주도하다 56세의 나이로 숨을 거두었습니다. 그러나 그의 정신적 생명은 지금까지도 그 광채를 발하고 있습니다.

고려 말 새로운 사회를 꿈꾸면서 정도전은 천심의 소중함을 뼈저리게 느꼈습니다. 그리하여 새 시대의 개막과 함께 그의 머리와 가슴은 '순천응인(順天應人, 하늘의 뜻에 순종하고 백성의 마음을 따른다는 뜻)'으로 가득 차 있었습니다. 고려 말의 암울한 분위기를 떨쳐 버리고 백성과 함께 새롭게 일어나려 한 정도전의 꿈과 의지를 청소년 여러분과 함께 다시 꾸고 싶습니다.

문철영

차례

정도전, 조준 등 신진 사대부들은 이성계와 손을
잡고 고려 사회를 개혁하고자 했다. 과전법을 실
시하여 경제 기반을 마련하고 반대파를 제거한
다음, 이성계를 왕으로 추대하여 새로운 왕조를
세웠다. 정도전은 이성계와 더불어 조선 건국의
두 주역이라 일컬어진다.

중학교

역사

VI. 조선의 성립과 발전
  1. 조선의 성립
    (2) 통치 체제를 정비하다

고등학교	**한국사**	II. 고려와 조선의 성립과 발전
		2. 유교 정치의 이상을 꽃피운 조선
		  (1) 민본 이념을 구현하기 위한 통치 체제를
		    갖추다

정도전은 자신이 쓴 『삼봉집』에서 왕과 신하의 관계와 대간의 역할에 대해 기술하고 있다. 왕의 자질에는 여러 가지가 있으니 왕으로 하여금 가장 올바른 경지에 들게 하는 것이 신하의 역할이라 하였다. 또한 대간의 직무는 재상과 대등하다고 적고 있다.

1351년 공민왕 즉위(~1374)

1361년 홍건적 침략

공민왕, 안동으로 피란

1365년 신돈, 개혁 실시

1370년 고려, 명나라 연호 사용

1374년 우왕 즉위(~1388)

1388년 명나라, 철령위 설치를 통보

이성계, 위화도 회군

1392년 이성계, 조선 건국(~1910)

1393년 이성계, 국호를 조선(朝鮮)이라 함

1394년 정도전, 『조선경국전』 편찬

1398년 제1차 왕자의 난, 정도전 사망

정종 즉위(~1400)

1400년 제2차 왕자의 난

태종 즉위(~1418)

1357년	오스만 제국, 겔리볼루 점령
1360년	홍건적의 난
1368년	주원장, 명나라 건국
1373년	명나라, 『대명률(大明律)』 제정
1376년	영국, 존 위클리프의 종교개혁 시작
1381년	영국, 와트 타일러의 농민 반란
1392년	마자파힛 왕국, 분열 시작
1398년	티무르, 델리(인도) 침입
1399년	영국, 랭커스터 왕조 시작(~1461)

원고 **정도전(1342년~1398년)**

나는 스승과 친구들과 결별하면서까지 이성계를 도
와 조선을 건국했습니다. 하지만 그의 아들 방원에게
억울하게 죽임을 당했지요. 내가 아니었다면 조선은
제대로 정비될 수 없었어요. 나는 이성계의 오른팔
이었습니다. 나는 나를 죽인 이방원의 죄를 입증하여
내 억울함을 풀어야겠습니다.

원고 측 변호사 **박구자**

억울한 원고의 사정을 잘 파악하여 역사의 진실을
밝힘으로써 한국사를 바로 세우고자 혼신의 힘을
쏟는 역사공화국의 박구자 변호사입니다. 이번 재
판에서도 최선을 다할 것을 약속드릴게요.

원고 측 증인 **권근**

나는 고려 말 문신이자 조선 초 학자로 호는 양촌입니다. 친명 정책을 주장했고 조선 건국 후엔 사병 폐지에 앞장섰지요. 내가 왕권을 확립하는 데 큰 공을 세웠다는 것은 알 만한 사람들은 다 알지요. 글재주가 좋고 학식이 풍부해서 책도 많이 썼답니다.

원고 측 증인 **이성계**

나는 조선의 제1대 왕입니다. 내가 고려 말에 우군도통사로 있을 때 요동 정벌을 위해 북진하다가 위화도에서 회군하여 우왕을 폐했지요. 그러고 나서 뜻을 같이하는 정도전 등과 함께 세운 나라가 바로 조선입니다.

원고 측 증인 **이방간**

조선 태조의 넷째 아들, 회안 대군입니다. 박포의 거짓 밀고를 믿고 군사를 일으켜서 권력을 위해 수단과 방법을 가리지 않던 이방원을 공격하였지요. 휴, 하지만 결국 실패했고 난 유배를 갔죠.

피고 이방원(1367년~1422년, 재위 : 1400년~1418년)

태조의 다섯째 아들로 조선 제3대 왕 태종입니다. 내가 두 번에 걸친 왕자의 난을 통해 왕위에 오른 것은 사실입니다. 하지만 정도전이 먼저 우리 왕자들을 없애려 했고, 힘없는 동생을 꼭두각시 왕으로 세워 놓고 조선을 자신의 나라로 만들려는 음모를 꾸몄어요. 이에 나는 정도전을 처단하고 역사에 길이 남을 왕이 되었지요.

피고 측 변호사 이대로

역사공화국에서 가장 중요한 판단 근거는 기록으로서의 역사임을 주장하는 이대로 변호사입니다. 이번 재판에서 기존의 역사적 평가야말로 가장 근거가 있다는 것을 여러분께 보여 드리겠습니다.

피고 측 증인 **정몽주**

나는 고려 말 문신으로 호는 포은입니다. 고려 왕조에 대한 충심을 지키다 이방원에게 죽임을 당한 것으로 유명합니다. 내가 이방원에게 죽임을 당했던 선지교(지금의 선죽교)는 충절의 대명사가 되었더군요.

피고 측 증인 **조준**

나는 정도전과 함께 고려 말에 토지 개혁을 주도했으며, 조선 왕조에선 건국과 문물제도를 정비하는 데 중요한 역할을 한 개국 공신이지요.

판사 **공정한**

나는 역사공화국 법정의 공정한 판사입니다. 내가 할 일은 역사의 진실을 밝히고 영혼들의 한을 풀어 주는 것입니다.

"1398년 8월 26일, 그날 밤
이방원과 정도전의 행적을 추적하라!"

이곳은 우리의 박구자 변호사가 일하는 사무실!

이번 주말에 아들의 여자 친구를 소개받기로 한 박구자 변호사는 기분이 한껏 들떴다.

"여자 친구 직업이 역사공화국 중학교 역사 선생님이라고? 그럼 나처럼 역사에 대해서는 모르는 게 없겠군! 그나저나 만나서 무슨 얘기를 할까? 직업이 역사 선생님이니까 역사에 관심이 많겠지? 역사 하면 또 나 박구자 변호사니까, 재미있는 역사 이야기를 하나 준비해야겠군~."

혼자서 상상의 나래를 펼치고 있던 박구자 변호사는 '드르륵~' 문 여는 소리에 눈을 번쩍 떴다. 세상에 이럴 수가! 수려한 외모와 큰 키, 그리고 절도 있는 걸음걸이의 한 남자가 들어왔다.

"여기가 박구자 변호사 사무실 맞소?"

"어디서 많이 뵌 분 같은데…… 누구시죠?"

"나는 정도전이라고 하오. 역사공화국 한국사법정에 나의 억울함을 호소하기 위해 박 변호사를 찾아왔소이다."

"뭐, 뭐라고요? 당신이 삼봉 정도전?"

"그렇소. 왜 그렇게 놀라시오?"

"정도전이라면, 고려에서 조선으로 왕조가 교체되는 엄청난 격동기를 살았던……?"

"아니, 변호사라는 사람이 나에 대해 고작 그 정도밖에 설명하지 못하는 거요?"

"소문대로 차가운 조선 남자군! 흥. 이것 보세요, 난 당신에 대해 매우 잘 알고 있다고요. 이성계를 도와 조선을 세우고 백성을 위한 정치를 펼치려고 했고, 왕보다는 신하 중심의 정치를 이룩하려고 했던 사람이잖아요. 물론 실패했지만……."

"그렇소. 안타깝게도 난 내가 꿈꾸었던 성리학적 이상 세계를 펼치지 못하고…… 역사의 뒤안길로 사라졌소. 아시다시피 태조의 아들 이방원에게 죽임을 당했기 때문이오. 죽임을 당한 것도 억울한데 이방원은 내가 죽은 후 나에 대해 거짓말을 꾸며 내어 기록으로 남겼소. 내가 죽지만 않았어도 그런 일은 일어나지 않았을 텐데……. 난 이방원을 고소해야겠소!"

"흠…… 나는 지금까지 이방원이 당신을 죽인 것은 조선을 위한 일이었다고 알고 있었어요. 그런데 당신 얘기를 듣고 보니 그게 아닐지도 모른다는 생각이 드네요. 그리고 당신이 억울하게 세상을 떠났던 그날의 상황에 대해서도 자세히 듣고 싶군요."

"잿빛 구름 사이로 유난히 노랗게 고운 빛을 띤 보름달이 아슬아슬하게 걸쳐 있던 밤이었소. 때는 바야흐로 1398년 8월 26일(태조 7) 2경(밤 10시~12시), 평상시 늦은 시간이면 조용하기만 하던 송현(지금의 서울 한국일보사 근처) 마루에 어찌 된 일인지 전운이 감돌고 있었소이다.

잠시 후 사람 그림자가 송현 마루에 천천히 모습을 드러내었소. 한 명, 두 명, 세 명, 네 명…… 검은 그림자들이 빠르게 움직이면서 발자국 소리가 어지럽더니 어느 순간 뚝 멈추고 한 남자가 말했소. '대군, 바로 저 작은 골목 안 집이 그자의 첩이 거처하는 곳이올시다.'

그자는 이숙번이었소. 이어 이방원이 나를 포위하라고 목청껏 소리쳤소. 이방원의 말에 10여 명의 장정들이 골목 안으로 우르르 달려와서 집 주위를 포위했소. 당시 집 안의 종들은 모두 잠들었고, 나는 뜻을 같이하는 동료들과 이야기를 나누고 있었지요. 그때였소. 불을 지르라는 이방원의 목소리가 들렸소. 방화를 한 것이오. 천하에 나쁜 놈……!"

"그렇군요. 1398년 8월 26일 밤의 사건이 그렇게 시작됐군요. 그래서 결국 함께 있었던 심효생, 이근, 장지화 등도 죽임을 당했던 것이군요."

"당시 내 본집은 송현방에서 가까운 수진방에 있었소. 내가 오늘날 참모총장 격인 삼군부 판사를 지낸 만큼 호위 군사를 대동할 만

했건만 집에서 가까운 거리여서 말구종만 달랑 데리고 나왔다가 화
를 당한 것이었소."

"아니, 천하의 정도전이 방심을 하다니요!"

"내 말을 끝까지 들어 보시오. 그날 내가 뒤집어쓴 죄목이 뭔지 아
시오?"

"글쎄요?"

"바로 반란죄였소."

"반란죄요?"

"그렇소. 정확히 말하자면 '반란 예비 음모 죄'였소. 내가 다른 동료들과 함께 어린 세자 방석을 끼고 권력을 마음대로 휘두르기 위해 이방원을 비롯한 왕자들을 제거하는 친위 쿠데타를 음모했다니……어이가 없을 뿐이오. 내가 진짜 쿠데타를 일으키려고 했다면 거사 당일에 무방비 상태로 동료들과 모여 앉아 웃으며 이야기하고 있었겠소? 내가 바보도 아니고, 이게 말이나 된다고 생각해요?"

"듣고 보니 그렇군요. 이방원의 주장처럼 정말로 당신이 반란 세력의 수괴였다면 거사 당일, 그것도 그 늦은 시각에 단 한 명의 호위병도 없이 돌아다닐 수 있었을까 의문이 드네요."

"내 말이 그 말이오. 난 이성계를 도와 새 왕조를 건설하고, 조선이라는 국가에 유교적 이상 사회를 실현하고, 임금과 신하가 아닌 백성들을 위한 정치를 펼치는 꿈을 키워 왔소. 그런데 어이없게도 쉰여섯의 한창 나이에 이방원에게 목이 잘리는 처참한 죽임을 당했소. 그리고 죽임을 당한 것도 억울한데, 내가 반란을 모의했다고 모함하다니! 난 도저히 참을 수가 없소이다!"

정도전은 그날의 기억이 새록새록 떠오르는지 몸을 부르르 떨었다. 몇백 년이 지나도 억울함이 풀어지지 않은 한 많은 자의 모습이었다.

"그렇게 긴박한 상황에 『조선왕조실록』의 기록원인 사관이 현장을 조사했을 리 없고, 결국은 진실이 왜곡됐다고 볼 수 있겠네요. 아마도 진실을 왜곡한 자는 그날 살아남은 자겠죠?"

"그렇소. 물론 이방원은 아니라고 하겠지만……."

왜 정도전은 새로운 사회를 꿈꾸었을까?

"이방원이 역사에서 당신을 매장하고자 결심했다면 얼마든지 원하는 대로 역사를 왜곡할 수 있었겠네요! 나 박구자가 이번 사건을 정식으로 접수하겠습니다. 나를 한번 믿어 보세요!"

"부탁하오! 이번 기회에 반드시 나의 훼손된 명예를 회복하고 싶소!"

정도전과 조선 건국

고려 말 위화도 회군으로 정치적 실권을 장악한 이성계 일파는 전제 개혁을 통해 경제적인 실권까지 얻게 됩니다. 그리고 온건 개혁파인 정몽주의 죽음으로 이성계를 반대하는 세력까지 모두 사라지지요. 그러자 정도전을 비롯한 급진 개혁파는 왕실의 큰 어른이자 공민왕의 네 번째 부인인 정비 안씨를 찾아갑니다. 그리고 당시 고려의 왕을 대신하여 이성계를 왕으로 세울 것을 허락받고 결국 이성계는 왕위에 오르게 됩니다. 새로운 왕조의 왕이 된 이성계는 나라의 이름을 '조선'이라 하고 새로운 도읍지를 정합니다.

1394년 한양 천도 때 정도전은 궁궐과 종묘의 위치 및 도성의 기지를 결정하고 궁과 문의 모든 칭호를 정하는 등 주축이 되었습니다. 그리고 『조선경국전』을 써서 법제의 기본을 마련하였고, 고려 시대 국교였던 불교를 배척하고 유학을 나라의 국시로 삼도록 했습니다. 이렇듯 새롭게 시작되는 조선에서 정도전의 역할은 매우 컸습니다.

조선을 세우는 데에는 이성계의 아들들과 신진 사대부의 공이 컸습니다. 아들 중에는 특히 다섯째 아들인 이방원이, 신진 사대부 중에는 정도전의 힘이 컸지요. 정도전과 이방원은 모두 조선을 건국한 일등 공신이었지만 나라를 다스리는 방법에 대한 생각은 달랐습니다. 정도전이 재상 중심의 정치를 생각한 반면, 이방원은 절대적인 권력을 가진 왕의 정치를 생각했지요. 조선의 개국 공신 두 명의 생각이 이처럼 다르다 보니 둘은 부딪칠 수밖에 없었습니다. 이방원은 왕이 되고자 했으나 정도전은 이방원이 아닌 이성계의 여덟째 아들을 세자로 만들었으니까요.

그로부터 몇 년 뒤 명나라와의 외교 관계에 문제가 생기자 정도전은 명나라가 차지한 요동 지방을 공격하기로 결정합니다. 그리고 병사를 모은다며 왕족이 거느린 사병까지 내놓으라고 했지요. 이에 이방원은 위기의식을 느끼고 정도전을 제거하기로 결심합니다. 그리고 주변 세력과 사병을 모아 정도전을 죽입니다.

조선 건국의 일등 공신 정도전

| 원고 | 정도전 | 대리인 | 박구자 변호사 |
| 피고 | 이방원 | 대리인 | 이대로 변호사 |

청구 내용

조선의 개국 공신이었던 나, 정도전은 고려 말 혼란스러운 시대를 정리하고 태조 이성계의 뜻을 받들어 조선을 개국하기에 이르렀습니다. 늘 백성이 주인이 되는 사회를 꿈꾸어 왔던 나이기에 수많은 개혁을 위해 앞장서 일하였지만 결국 죽임을 당하고 말았습니다. 게다가 『조선왕조실록』에 패륜과 역모라는 오명으로 기록되어 현재까지 죄인으로 오인받고 있습니다.

지난 시대의 고질적인 문제는 바로 왕권 절대주의에 있었습니다. 카리스마적인 지도력을 갖춘 우수한 군주가 나올 경우 큰 효력을 발휘하지만 세습 군주제에서는 자질이 떨어지는 군주가 더 많이 출현한 것이 사실입니다. 내가 바라본 왕권 절대주의는 매우 위험한 곡예나 다름없었습니다. 고려 말의 상황도 다를 바 없었습니다. 고려 말 개혁 군주였던 공민왕이 죽자 다시금 고려는 자질이 떨어지는 군주들의 출현으로 말미암아 권문세족이 들끓고 백성들은 도탄에 빠졌습니다. 당연히 개혁이 필요했습니다. 이로부터 내가 찾은 결론은 바로 재상이 중심이 되는 사회입니다. 현재 영국과 일본에서는 내가 주장한 재상 중심주의를 따르고 있습니다. 군주의 자질이 백성의 삶을 규정하게 되어서는 안 되는 것입니다.

　그러나 나는 권력을 차지하기 위해 물불을 가리지 않는 이방원으로 인하여 미처 뜻을 펼쳐 보기도 전에 죽임을 당했습니다. 그에게는 내가 뜻이 다른 스승과 친구들과 절연하면서까지 이룩하려고 했던 사회가 실현되는 것보다 그 자신이 왕위에 올라 권력을 누리는 것이 중요했을 것입니다. 이에 나는 이방원과 그의 후손들에게 나에 대한 잘못된 인식을 퍼뜨려 명예를 손상시킨 것에 대한 정신적 손해 배상과 나의 죽음에 대한 육체적 손해 배상을 청구하고자 합니다.

입증 자료

- 중학교 역사 교과서
- 고등학교 한국사 교과서
　그 외 자료 추후 제출하겠음.

위 청구인 정도전
역사공화국 한국사법정 귀중

정도전은 왜 혁명을 꿈꾸었을까?

1. 정도전은 과연 어떤 인물인가?
2. 운명적 만남, 정도전과 이성계
3. 왜 정도전은 이색, 정몽주와 결별했을까?

교과연계

역사
VI. 조선의 성립과 발전
  1. 조선의 성립
    (2) 통치 체제를 정비하다

1 정도전은 과연 어떤 인물인가?

"정도전이 이방원에게 소송을 걸었다고?"

"그랬다네!"

"예끼, 이 사람아! 어디 그게 말이나 되는 소리인가? 하늘 같은 스 승과 친구들을 배신한 자가 뭐가 억울해서 소송을 걸었겠나."

"내가 두 귀로 똑똑히 들었다니까 그러네."

"정말인가?"

"아, 그렇다니까! 못 믿겠으면 오늘 열릴 재판을 유심히 지켜보게 나. 내 말이 맞나 틀리나 확인해 보게."

"적반하장도 유분수지. 배신자가 뭐가 그렇게 억울해서 저승까지 와서 재판을 하려고 하나? 단군 할아버지가 코웃음을 치겠네그려."

"아무리 배신자라 할지라도 왜 억울한 게 없겠나?"

왜 정도전은 새로운 사회를 꿈꾸었을까?

"그게 무슨 말이야? 자네 지금 정도전 편을 드는 것인가?"

"그 질문에 답하기 전에 내가 자네한테 물어볼 게 하나 있네."

"뭔데?"

"자네 혹시 정도전의 죽음에 대해 들어 본 적 있나?"

"배신자가 어떻게 죽든 내 알 바가 아니네!"

"허허. 정도전은 이성계의 아들 이방원한테 죽임을 당했다네. 그래서 오늘 열리는 재판에서 그 죽음의 억울함과 자신을 죽인 이방원의 지나친 권력욕에 대해 밝히겠다고 단단히 벼르고 있다네."

"왕위에 올라 수많은 업적을 이룬 태종 이방원이 이유 없이 그를 죽였겠나? 다 그럴 만한 이유가 있었겠지!"

"자네가 그걸 어떻게 장담하나? 정도전은 이성계를 물심양면으로 도와 조선을 세운 인물이라고. 이성계가 무척이나 아끼는 신하였어. 그런데 무슨 잘못을 해서 이성계의 아들 이방원에게 정도전이 죽임을 당했을까? 자네는 그 내막이 궁금하지 않나?"

"나는 그 이유를 알고 있다네! 대한민국 국보 제151호인 『조선왕조실록』에 정도전이 스승과 친구들을 배신했다는 사실이 나와 있다네. 이방원이 배신자 정도전을 죽인 것은 어찌 보면 당연한 거 아니겠나? 조선을 위한 일이었겠지. 그리고 그 책이 어디 그저 그런 평범한 책인가? 유네스코에 세계 기록 유산으로 등록된 책이라고. 공정성과 객관성이 엄격하게 지켜지기로 유명한 실록을 정면으로 반박

적반하장
도둑이 되레 매를 든다는 뜻으로 잘못한 사람이 도리어 잘한 사람을 혼내는 경우를 말합니다.

『조선왕조실록』
조선 태조에서 철종까지 472년 간의 역사적 사실을 각 왕별로 기록한 역사책입니다.

하고 들다니, 쯧쯧쯧."

"자네 이야기를 들으니 오늘 재판에서 어떤 공방이 펼쳐질지 정말 기대되는걸!"

'땡, 땡, 땡!'

역사공화국 한국사법정의 커다란 벽시계가 오늘도 어김없이 낮 12시를 알렸다. 법정 앞은 재판을 보기 위해 모여든 배심원과 방청객들로 매우 분주했다. 잠시 후 법정 안으로 들어가던 사람들이 오

왜 정도전은 새로운 사회를 꿈꾸었을까?

늘 재판에서는 원고 정도전의 청구가 기각되고 이방원이
승리할 게 분명하다고 수군거렸다.

한편 다른 한쪽에 앉아 있는 사람들도 호기심 가득한 표
정으로 대화에 열중하고 있었다.

"이번엔 누가 원고이기에 이렇게나 관심이 많은 거야?"

"정도전이지. 조선 왕조 500년 동안 **갑론을박**(甲論乙駁)하며 여전
히 풀리지 않고 남아 있는 사건이라네."

많은 사람들의 관심 속에서 한껏 자신감을 얻은 피고 이방원은 어
깨를 쭉 펴고 여유 있는 자세로 앉아 있는 반면에, 원고 정도전은 분
한 표정이었다. 그때였다.

"자, 모두들 조용히 하십시오!"

법정 경위의 말에 소란하던 법정이 일순간에 조용해졌다.

"판사님께서 입정하십니다!"

공정한 판사가 들어와 자리에 앉은 뒤 법정 안을 한번 둘러보았다.

판사 안녕하십니까. 공정한 판사입니다. 오늘 재판을 진행하기에
앞서 먼저 양측 원고와 피고, 그리고 변호인들이 모두 참석했는지
확인하겠습니다.

박구자 변호사, 이대로 변호사 네, 참석했습니다.

판사 그럼 재판을 시작하겠습니다. 1398년 8월 26일 밤에 일어
난 사건이라……. 어쩐지 흥미진진하네요. 먼저 원고 측에 이번 소
송의 배경에 대해서 묻겠습니다. 원고 측 변호인은 변론하세요.

박구자 변호사　　네, 판사님. 흔히 선비라면 조용한 학자를 떠올리곤 합니다. 하지만 원고 정도전은 달랐습니다. 원고는 한 손에는 붓을 들고 다른 손에는 칼을 쥐고 있다고 스스로 자부하는 늠름한 선비였지요! 그는 밤낮으로 쥐었던 붓으로는 개혁의 좌표를 세웠고 다른 손에 쥐었던 칼로는 썩은 왕조를 도려내었습니다.

　　그가 바로 원고 정도전입니다. 그런데 원고는 이방원이라는 자에 의해 죽임을 당하고 말았습니다. 아니, 그것은 암살이었지요. 그것도 모자라서 반란죄까지 뒤집어쓰고 말았습니다. 누가 그랬을까요? 바로 피고 이방원입니다. 그런데 피고는 자신의 악행을 인정하지 않고, 하물며 자신이 저지른 모든 악행을 원고 탓으로 돌리고 있습니다. 이에 원고는 피고의 죄를 묻고자 소송을 제기한 것입니다.

판사　　피고가 원고를 죽이고 그 후에는 반란죄까지 뒤집어씌웠다는 것이군요. 이로 인해 원고는 명예가 훼손됐고요?

박구자 변호사　　그렇습니다. 존경하는 판사님, 원고는 태조 이성계가 조선을 건국하는 데 물심양면으로 도왔습니다. 새 왕조 탄생 후 나라 곳곳에 원고의 손이 닿지 않는 데가 없었습니다. 다시 말해서 원고는 조선의 설계도를 그렸다고 할 수 있습니다. 새 나라 조선과 백성을 위해 헌신했던 원고, 하지만 그런 그는 처참하게 죽임을 당한 후 어디에 묻혔는지도 확실치 않습니다. 그저 몇 개의 기록이 그의 죽음을 알려 주고 있을 뿐입니다. 쉰여섯에 억울하게 죽은 원고의 훼손된 명예를 재판을 통해 반드시 회복하고자 합니다!

이대로 변호사　　판사님, 원고 측의 주장은 터무니없고 허무맹랑합

니다! 도저히 가만히 앉아서 듣고 있을 수가 없네요.

판사　피고 측 변호인, 흥분하지 마세요.

이대로 변호사　휴! 주의하겠습니다. 판사님, 오히려 원고는 피고에게 감사해야 할 것입니다. 반란죄를 저지른 자의 업적이 훗날 인정되었기 때문입니다. 그렇게 되기까지 오랜 세월이 걸리긴 하였지만, 그것은 피고가 왕위에 오른 뒤 조선을 제대로 된 국가로 발전시켰기 때문입니다. 그나마 피고가 왕이 되지 않았더라면 원고는 영원히 반역자로 남았을지 모르지요. 원고 정도전은 굉장히 무서운 자입니다. 자신의 권력을 위해서라면 스승이든 친구든 심지어 왕까지 모조리 해치우려 했기 때문입니다. 개인의 권력욕이 지나쳐 결국 처참한 죽음으로 삶을 마무리했지만, 그만큼 대단한 지략가라고도 할 수 있습니다. 왜냐하면 원고는 모두를 속였기 때문입니다. 당시 스승과 친구들 그리고 왕과 어린 왕자들, 백성까지 말입니다. 이 모든 것이 역사에 다 기록되어 있습니다. 제가 그 모든 증거 자료를 이 자리에 갖고 왔습니다. 증거가 있는데도 불구하고 원고가 발뺌하려 든다면 이는 오히려 자신의 무덤을 파는 것입니다. 원고는 오늘을 마지막으로 쓸데없는 오기는 버리시기 바랍니다.

판사　모든 것은 재판에서 판가름 날 것입니다. 과연 원고가 역사서에 쓰인 대로 반역자인지, 아니면 원고 측 변호인의 주장처럼 조선과 백성을 위한 정치가이자 선비였는지 살펴봅시다. 일단 원고의 소송 이유는 이해했습니다. 그러면 지금부터 본격적으로 재판을 시작하겠습니다. 그러기 위해서는 원고 정도전에 대하여 먼저 알아봐

왜 정도전은 새로운 사회를 꿈꾸었을까?

야 하겠군요. 원고 측 변호인, 원고가 어떤 인물인지 진술해 주시겠습니까?

박구자 변호사   네. 조선을 건국하는 과정에 동참하기 전까지 원고는 세상의 속된 기준으로 보면 사실 별 볼 일 없는 사람이었습니다. 1~2년도 아닌, 무려 10년 가까운 세월 동안 유배와 유랑 생활을 겪으면서, 명색이 전직 관료인 그가 먹을 게 없어서 농민들 사이에서 끼니를 해결했던 적도 많았지요. 젊은 시절 원고의 삶만 놓고 보면 그는 확실히 실패한 인생을 살았다고 할 수 있습니다.

판사   그런 시절이 있었군요.

박구자 변호사   그러나 정도전은 남들이 뭐라고 하든 그것과는 상관없이 자기 운명에 대한 확신을 잃지 않았습니다. 특히 10년 동안의 유배 생활을 거치며 그는 스스로의 신념을 포기한 것이 아니라 오히려 부패한 세상에 대한 미련과 증오를 청산했습니다. 비유하자면 원고에게 있어서 유배 생활은 쇠가 용광로에서 수십 번 담금질되듯 유한한 삶 속에서 **부귀공명** 따위의 헛된 것들을 멀리하는 여정이었다고 할 수 있지요. 다시 말해서 원고에게 있어 유배 생활은 **이해득실**로 살아가는 삶에서 벗어나 **이타적**인 삶을 살아가게 하는 전환기이자 새로운 마음가짐을 쌓아 가는 시기였어요.

이대로 변호사   이의 있습니다. 지금 원고 측 변호인은 원고의 개인적 신념과 생애를 포장하여 설명함으로써 동정을 얻어 내려고 하고 있습니다.

부귀공명
재산이 많고 지위가 높고 공을 세워 이름을 떨친다는 말입니다.

이해득실
이로움과 해로움, 얻음과 잃음을 아울러 이르는 말이지요.

이타적
사랑으로 자기를 희생함으로써 타인의 행복을 바라는 행위나 마음을 뜻하지요.

박구자 변호사　아니, 이대로 변호사! 지금 무슨 말씀을 하시는 거죠? 원고, 아니 인간 정도전에 대한 설명을 하는데 어떻게 그 사람의 신념과 삶을 설명하지 않을 수 있단 말입니까?

이대로 변호사　차라리 솔직하게 말씀하세요. 확인되지 않은 개인의 신념을 두고 변론하는 것은 오늘 재판에서 유리한 판결을 얻기 위한 것이 아닙니까? 박구자 변호사는 막연한 말로 감정에 호소하지 말고 확인된 사실을 가지고 변론해 주시지요.

박구자 변호사는 매서운 눈초리로 이대로 변호사를 쏘아보았다. 재판 첫째 날부터 두 변호인 사이에 날카로운 신경전이 오가자 지켜보던 판사가 끼어들었다.

판사　두 분 진정하십시오. 그리고 피고 측 변호인의 의견을 인정합니다. 원고 측 변호인은 객관적 사실에 근거하여 원고에 대해 설명해 주시기 바랍니다.

다소 허탈한 표정을 짓던 박구자 변호사는 이내 옷매무새를 가다듬고 말을 이었다.

박구자 변호사　아직까지도 많은 사람들은 정도전이 패륜과 역모를 통해 권력을 추구했던 배신자라고 알고 있습니다. 하지만 이는 사실이 아닙니다. 그는 늘 백성이 주인이 되는 사회를 꿈꾸었던 진정한 학자였습니다. 더군다나 당시 고려는 안으로는 권문세가의 횡포로 백성들의 삶이 무너지고 있었고, 밖으로는 몽골의 간섭과 명의 압력, 홍건적과 왜구의 침입으로 위기 상황에 **봉착**해 있었습니다. 물론 당시의 관점에서 보았을 때 원고가 형들을 놔두고 나이 어린 동생을 조선의 세자로 책봉한 것에 대해선 오해가 있을 수 있습니다. 하지만 그것은 어디까지나 당시 왕의 뜻이었을 뿐 원고에게 책임을 물을 일이 아닙니다.

봉착
어떤 상태에 부딪히는 것을 말합니다.

이대로 변호사 이의 있습니다. 지금 원고 측 변호인은 계속해서 역사적 사실과 기록되지 않은 개인의 생각을 사실인 것처럼 한데 모아서 주장하고 있습니다.

판사 인정합니다. 원고 측 변호인, 주의해 주기 바랍니다.

분명한 사실임에도 불구하고 기록되지 않았다는 이유만으로 계속해서 이의 제기를 받게 되자 박구자 변호사는 답답한 듯 한숨을 푹 내쉬었다. 잠시 생각해 보던 박구자 변호사가 천천히 말문을 열었다.

박구자 변호사 흠, 그럼 이 시점에서 원고와 친구처럼 지내며 누구보다도 그를 잘 알았던 권근을 증인으로 모셨으면 합니다.

판사 좋습니다. 증인은 증인석으로 나와 선서하세요.

권근은 진지한 표정으로 증인석으로 걸어 나와 선서를 하고 자리에 앉았다. 사뭇 긴장한 얼굴로 주위를 쓱 둘러보던 권근은 원고인 정도전과 눈이 마주치자 자신감이 생기는 듯 미소를 지으며 고개를 돌렸다.

박구자 변호사　안녕하세요. 증인으로 나와 주셔서 감사합니다. 먼저 증인의 자기소개를 부탁드립니다.

권근　알겠습니다. 나 권근은 고려 말과 조선 초의 문신이자 성리학자였소. 조선이 건국되고 왕권을 확립하는 데 공을 세운 자부심만큼은 아마 정도전 선생 못지않을 겁니다. 그런데 이게 웬일입니까? 정도전 선생이 재판을 벌인다기에 이렇게 허겁지겁 법정으로 달려오게 된 거죠.

박구자 변호사　이렇게 먼 길 와 주신 데 대해 다시 한 번 감사드립니다. 그럼 증인께 첫 번째 질문을 드리겠습니다. 증인이 아는 원고는 어떤 사람이었습니까?

권근　정도전 선생은 대장부 중의 대장부라고 할 수 있어요. 내가 지금까지 이승과 저승에서 살면서 그분만큼 나라에 대한 절개가 높은 사람은 본 적이 없습니다. 그뿐만이 아닙니다. 정도전 선생은 일찍이 그 어떤 경우에도 불의와 타협하지 않았고 옳은 말을 하는 데 거침이 없었죠.

박구자 변호사　혹시 실례를 들어 주실 수 있나요?

권근　정도전 선생은 귀양살이를 떠나면서 자신의 단호한 심경을 「감흥」이라는 시에 담아 후세에 남겼습니다. 자신의 심정을 중국 하나

라 충신 용방과 은나라 충신 비간에 빗대어 지은 시입니다.

조국의 멸망을 차마 못 본 체할 수 없어
충의의 심장이 찢어지고
대궐 문 손수 밀고 들어가
임금 앞에서 언성 높여 간했더라오.
예부터 한 번 죽음 누구나 있으니
구차한 삶은 처할 바 아니지 않은가.

위민의식
백성을 위하는 견해나 사상을
품은 것을 뜻하지요.

용방은 하나라 폭군 걸왕에게 충언하다가 불에 지지는 포락형을 받은 인물이고, 비간은 은나라 폭군 주왕에게 충언하자 주왕이 "듣자니 성인의 심장에는 구멍이 일곱 개 있다 한다"며 배를 갈라 죽인 인물입니다. 정도전 선생은 이 시를 통해 의(義)를 위해서 죽을지언정 구차하게 살지 않겠다는 마음을 표현한 것입니다.

박구자 변호사 그렇군요. 원고는 대나무처럼 굽힘이 없는 올곧은 생각 때문에 지금의 전라도 나주 지역으로 유배를 가게 된 것이군요.

권근 그렇습니다.

박구자 변호사 그곳에서 원고는 몇 년 동안 유배 생활을 했죠?

권근 3년 동안 유배 생활을 했고, 그 후 6년 이상 이곳저곳 떠돌며 유랑 생활을 했습니다. 10년 가까이 유배와 유랑 생활을 하면서 백성들의 삶을 직접 목격하고는 **위민의식**(爲民意識)을 키워 나갔던 거죠.

박구자 변호사 당시 백성의 생활은 어떠했습니까?

권근 안 그래도 그 부분을 꼭 말씀드리고 싶었습니다. 정도전 선생이 개인적으로 가장 불행했던 이 유배 시기에 고려는 나라 안팎으로 문제가 많아서 고려 왕조의 자체 능력으로는 이미 수습할 수 없는 지경에 이르렀습니다. 하지만 정도전 선생은 이런 난세에도 백성이 바른 길을 잃지 않는 방법이 있다고 생각했지요. 그리고 10년의 세월이 흘러도 그 뜻을 굽히지 않았습니다. 하지만 사람들은 떼 지어 그런 선생을 업신여기고 비방하였지요. 그럴수록 선생의 생각은 더욱

삼봉 정도전의 유배지(전라남도 나주)

굳건해져 그 무엇에도 **현혹**되지 않았습니다.

박구자 변호사　증인의 말을 정리해 보면, 원고는 유배 생활을 하는 동안 단순히 시간을 낭비한 것은 아니었군요?

권근　그렇습니다. 정도전 선생은 언제 어디서나 자신보다는 나라의 미래와 백성의 삶을 걱정했습니다. 그랬기 때문에 갖은 고초를 겪던 유배 생활 중에도 어떻게 하면 백성들이 잘살 수 있을까를 고민했던 것입니다.

박구자 변호사　그렇다면 당시 원고의 유배 생활에 대해 구체적으로 들을 수 있을까요?

권근　정도전 선생이 유배 생활 중 농민들과 어울렸던 모습은『삼봉집』제4권에 있는 「소재동기(消災洞記)」라는 글에 사실적으로 묘

현혹
정신을 **빼앗겨** 해야 할 것을 잊어버리는 상태를 말합니다.

사되어 있습니다. 이 기록에 따르면, 그는 나주에 속한 거평 땅 소재동에서 순박하고 허영심 없이 술 마시기를 좋아하는 황연이라는 사람의 집에 세들어 살았습니다. 그는 여기서 글자를 조금 아는 김성길과 그 아우인 천, 용모와 행동이 괴이한 데다 모든 사투리·속담·**여항**(閭巷)의 일들을 두루 꿰뚫고 있으며 늙어 중이 된 서안길, 그 밖에 김천부, 조송 등과 함께 어울려 술을 마시고 이야기를 나누었습니다. 그리고 어떤 때는 농사꾼이나 시골 노인들을 만나 **싸리**를 깔고 앉아서 옛 친구처럼 서로 위로하기도 하고, 온 동네 사람들이 힘을 합쳐 초가를 만들며 따뜻한 인정을 나누기도 했습니다. 힘으로 맺어지고 흩어지며 다툼을 일삼는 개경의 분위기에 익숙해 있던 정도전 선생으로서는 가난한 시골 사람들의 따뜻함이 선뜻 이해되지 않았습니다. 하지만 그는 곧 이해타산에 익숙해 있는 자신이 얼마나 부끄러운 존재인지 깨달았습니다. 반면에 이해타산 없이 온정을 베푸는 그들의 모습에 감동을 받았습니다. 그러한 감동이 당시 시골 어르신들과 이별하면서 쓴 「금남야인」이라는 시에 잔잔하게 나타나 있습니다.

산촌에 가을 해가 저물었는데
가시문 두드리는 사람 있네.
소매에선 편지를 꺼내어 주고
보자기에선 정히 고른 하얀 양식을 주네.
벗님의 그 마음 은근도 하오.

타향을 떠도는 이 사람에게

한 끼 밥에도 몸을 바친다는데

천금으로 갚는대도 가볍고말고.

박구자 변호사　　그렇군요. 이 한 편의 시에는 이해타산이 더 이상
끼어들 자리가 없어 보입니다. 원고는 이 시에서 보통 사람들이 어
울려 살면서 조그맣게 베푸는 인정이 그 무엇보다도 큰 감동을 안겨

야인
아무 곳에도 소속되지 않고 지
내는 사람, 또는 시골에 사는 사
람을 말합니다. 여기서는 두 번
째 뜻에 해당되지요.

민본 사상
백성을 위하는 마음으로 펼치는
구체적인 사고나 생각을 말하
지요.

준다는 사실을 따뜻한 마음으로 노래하고 있습니다. 이렇
듯 원고는 신진 사대부라는 울타리 속에서 유학자로서 추
구해 온 자신의 삶과는 다른 야인(野人)들의 순박하고 인
정 어린 삶을 대하면서, 유학자로서 자신의 정체성에 대해
통렬한 자기 반성을 하게 된 것이로군요.

권근   그렇습니다.

박구자 변호사   증인의 말을 종합해 보면 알 수 있듯이,
▶원고가 제시한 민본 사상은 원고가 10년 가까이 유배와 유랑 생활
을 하면서 마음에서 진심으로 우러나온 것이었습니다. 판사님과 이
자리에 함께한 많은 분들께서도 이제 원고에 대해 가졌던 궁금증이
풀렸을 것이라고 생각합니다. 이상입니다.

박구자 변호사가 자리로 들어간 뒤 잠시 법정 내에 침묵이 흘렀
다. 많은 사람들이 박구자 변호사의 말에 공감했는지 방청석 곳곳에
서 한숨이 터져 나왔다.

판사   잘 들었습니다. 다음으로 피고 측 변호인, 신문을
시작해 주세요.

교과서에는

▶ 조선 건국 초기에는 사회
적인 안정과 더불어 왕권의
안정이 시급한 문제였습니
다. 정도전은 민본적인 통치
규범을 마련하고 재상 중심
의 정치를 주장했습니다.

이대로 변호사는 판사를 향해 가볍게 인사하고 나서 자
리에서 일어났다. 좌중을 한번 둘러본 이대로 변호사는 사
진 한 장을 치켜들었다. 원고와 원고 측 변호인과 판사뿐

만 아니라 배심원과 방청객들까지 호기심 어린 눈으로 그 사진을 바라보았다.

이대로 변호사　이 사진이 무엇인지 아십니까? 바로 『조선왕조실록』의 사진입니다. 이 책에 따르면 원고는 **도량**이 좁기 때문에 남을 시기하고 겁이 많았다고 합니다. 자기보다 나은 사람이 있으면 꼭 해치려 하고, 옛날에 품었던 감정은 기어코 보복하려 하였으며, 언제나 왕에게 사람을 죽여서 위엄을 세우라고 권했다 합니다. 심지어 원고는 자신의 스승인 이색을 죽이자고 한 패륜아가 아닙니까? 이 자리에서 그에 대해 증언할 증인을 모셨으면 합니다.

박구자 변호사　판사님, 이의 있습니다. 피고 측 변호인은 정확한 증거도 제출하지 않은 채 출처를 알 수 없는 사진 한 장을 보여 주고 있습니다. 신성한 법정에서 **인신공격**만 하고 있는 피고 측 변호인을 제재해 주십시오.

판사　받아들입니다. 피고 측 변호인은 앞으로 주의하세요.

한풀 기가 꺾인 이대로 변호사가 다소 난감한 표정으로 대답했다.

이대로 변호사　네, 주의하겠습니다. 하지만 판사님, 정도전의 인물 됨됨이를 증언해 줄 사람을 증인으로 모셨으면 합니다.

판사　좋습니다. 증인은 증인석으로 나와 선서를 해 주세요.

정몽주

증인은 바로 정몽주였다. 그가 앞으로 걸어 나오자 일순간 숙연한 분위기가 감돌았다. 정도전은 여전히 꼿꼿한 자세를 잃지 않고 있는 정몽주를 바라보며 생각에 잠겼다. '저이가 고려 시대에 살지 않았더라면 지금의 나 정도전도 없었을 것 아닌가. 나에게 성리학이라는 사상의 지평을 열어 준 이가 곧 정몽주가 아니던가.'

정몽주   ▶나, 정몽주는 한국사법정에서 진실만을 말할 것을 선서합니다.

이대로 변호사   안녕하세요. 증인으로 나와 주셔서 감사합니다. 우선 자기소개를 해 주세요.

정몽주   나 정몽주는 고려 삼은 중 하나로서 신진 사대부였소. 끝까지 고려를 지키려다 선지교, 아니 지금은 선죽교라 부르죠? 그 다리 위에서 내 나이 쉰여섯에 이방원에게 죽임을 당했소.

정몽주가 자기를 죽인 이방원을 변호하기 위해 증인으로 나왔다는 사실에 방청석이 술렁이기 시작했다.

"뭐야, 그럼 지금 자기를 암살한 사람을 위해서 증언을 하겠다는 거야?"

"그런가 봐. 그런데 선지교가 맞는 말이야, 선죽교가 맞는 말이야?"

교과서에는

▶ 이성계 일파는 신진 사대부 세력과 손잡고 본격적인 개혁에 들어갔습니다. 이 과정에서 정몽주 등 개혁에 소극적인 세력을 제거하였어요.

"뭐라고? 자네 역사 공부 다시 하게나. 원래 그 다리는 선지교(善
地橋)라 불렸는데, 이방원에 의해 정몽주가 피살되던 날 밤에 다리
옆에서 푸른 대나무가 솟아 나왔다네. 그래서 그 이후로 대나무 '죽
(竹)'자를 써서 선죽교(善竹橋)로 고쳐 부르기 시작한 거야."

"아, 그런 사연 때문에 다들 선죽교가 충절을 상징한다고 말하는
구나! 그렇다면 이대로 변호사가 증인을 잘못 데리고 온 것 아니야?
원고 측에 유리한 진술을 할 거 같은데."

판사 다들 조용히 해 주십시오. 증인은 계속 말씀하세요.

정몽주 다들 의아하게 여기시는 것을 충분히 이해합니다. 하물며 나 또한 나를 죽인 자를 변호하기 위해 이 자리에 나와 있다는 것이 참으로 공교롭군요.

박구자 변호사 그렇다면 당신도 피해자 아닌가요? 우리 같이 피고의 잘못됨을 주장합시다.

정몽주 음…… 난 그럴 생각이 전혀 없소이다.

박구자 변호사 진심이십니까?

정몽주 그렇소.

박구자 변호사는 도통 영문을 모르겠다는 눈빛으로 정몽주를 바라보았다. 이에 정몽주는 너그럽고 온화한 표정으로 박구자 변호사를 맞바라보았다. 박구자 변호사는 정몽주의 눈을 피하며 다시 물었다.

박구자 변호사 다시 한 번 묻겠습니다. 그 말 진심이세요?

정몽주 그렇소.

박구자 변호사 그렇다면 자신을 죽인 이방원을 변호하는 이유를 알고 싶은데요. 말씀해 주시겠습니까?

그 순간 이대로 변호사가 손바닥으로 '쿵' 하고 책상을 내리친 뒤 격앙된 목소리로 외쳤다.

왜 정도전은 새로운 사회를 꿈꾸었을까?

이대로 변호사　판사님! 이의 있습니다. 지금 원고 측 변호인은 이번 사건의 주제와 무관한 질문을 하고 있습니다.

판사　이대로 변호사, 목소리 낮추세요. 증인의 죽음이 피고와 관련이 있어 보입니다. 그러므로 증인, 계속 말씀해 보세요.

정몽주　여러분은 피고 이방원이 나를 회유하기 위하여 보낸 시조 「하여가」에 내가 「단심가」로 답했다는 사실을 다들 아실 겁니다. 「하여가」를 「단심가」로 거절한 것은 나 개인의 지조가 변함없이 고려를 향한다는 뜻이었고, 새 왕조를 세우지 않아도 고려 왕조의 틀 안에서 충분히 개혁이 가능하다는 입장이었소. 선죽교에서의 내 죽음은 피고와 나의 생각이 서로 달랐기 때문이지 결코 어느 한 사람이 틀렸기 때문이 아니었소이다.

이대로 변호사　말씀 감사합니다. 저도 질문을 하나 드리겠습니다. 원고 정도전은 어떤 인물입니까?

정몽주　원고는 미천한 출신으로 교묘하게 당상관 자리에 앉아 남을 헐뜯는가 하면 죄 없는 사람을 얽어 넣어 죽음으로 내몰았소. 당시 우리는 원고를 악의 뿌리라고 생각했지요.

이대로 변호사　당시 많은 사람들이 왜 그렇게 생각했던 걸까요?

정몽주　정도전은 자신과 뜻이 다른 동료들뿐만 아니라 스승인 이색까지 죽이려 든 인물입니다. 아니, 어떻게…… 어떻게 제자가 스승한테 그럴 수가 있습니까? 이러한 사실만 보더라도 정도전이 어떤 인물인지는 더 이상 말하지 않아도 잘 알 겁니다.

판사　한 인물에 대한 평가가 이렇게 다른 경우도 있군요. 원고 측

함주
현재의 함흥을 말합니다. 함경남
도 중남부에 위치하고 있으며,
조선 왕조의 발상지이자 교통의
요충지라고 할 수 있습니다.

사문
유학의 도의나 문화를 이르는
말인데, 여기서는 학문이 높은
'유학자'라는 의미입니다.

박구자 변호사　　예, 판사님. 이성계가 함주 동북면 도지휘
사로 있을 때 함주에서 원고는 오랜 유배 생활을 통해 터
득한 자신의 생각을 시로 읊었습니다. 그 「자영」이라는 시
를 읊은 후, 피고의 아버지이자 원고가 평생 따르며 받들
었던 태조 이성계를 증인으로 모셨으면 합니다.

고금을 통틀어 백 살 넘긴 사람 없네.

이해득실을 가지고서 정신을 허비 마소.

다만 썩지 않은 사문(斯文)이 있다면

후일에 당연히 성이 정(鄭)씨인 사람 나올걸세.

판사　　그럼 증인의 증언을 듣도록 하죠. 증인은 앞으로 나와 주세요.

큰 키에 붉은 용포를 입고, 넓은 어깨에 커다란 활을 둘러멘 증인
이 일어서자 마치 거대한 곰이 기지개를 켜는 듯했다. 그 모습에 방
청석에서 감탄사가 새어 나왔다.

이성계　　선서! 나는 진실만을 말할 것을 선서합니다.

박구자 변호사　　안녕하세요. 먼저 간단하게 자기소개를 좀 해 주십
시오.

이성계　　나는 조선을 건국한 태조 이성계라고 합니다. 긴말 안 하

고 삼봉 정도전에 대해 증언하지요. 그의 학문은 경서와 역사를 깊이 파고들어 갔고, 지식은 고금의 변천을 꿰뚫고 있었으며, 의견은 모두 성인들의 말에서 시작할 정도로 박식했습니다. 또한 공정한 평가는 언제나 충실한 것과 간사한 것을 명확하게 갈라놓았지요. 나를 도와 새 왕조 조선을 세우는 데 공로가 컸을 뿐 아니라, 계책은 정사에 도움이 될 만하였고 글재주가 뛰어나 충분히 나랏일을 맡길 만하였어요. 거기다가 온순한 선비의 기상과 늠름한 재상의 풍채를 갖고 있었소이다.

조선 태조 이성계의 초상화

과연 조선을 건국한 왕답게 위엄이 넘치는 이성계의 증언이 끝나자 법정 안이 숨소리도 안 들릴 정도로 조용해졌다. 이방원은 고개를 숙이고 얼굴을 찌푸린 채 아버지를 쳐다보지 않고 있었다. 그때 조금 전에 증인으로 나왔던 권근이 헛기침을 하며 천천히 손을 들었다.

판사   증인, 하실 말씀이 있습니까?

권근   마지막으로 한마디 더 보태겠습니다. 당시 우리 사이에서는 정도전 선생에 대해서 이렇게 말했지요. "선생의 따스한 눈빛과 용모는 쳐다보면 높은 산을 우러러보는 듯하고, 다가서면 봄바람 속에 앉은 듯하다. 그 얼굴이 윤택하고 등이 펴진 것을 보니 온화함과 순함이 속에 있음을 알 수 있다"라고 말이죠.

판사　알겠습니다. 더 이상 정도전이 어떤 사람인지를 묻다가는 이 재판을 세 번에 끝낼 수가 없을 것 같습니다. 그렇다면 이제부터 원고가 어떠한 행동을 하였는지 알아보도록 하겠습니다.

　왜 정도전은 새로운 사회를 꿈꾸었을까?

「단심가」를 남기고 떠난
고려의 마지막 충신, 정몽주

　정몽주(鄭夢周, 1337~1392)는 고려 말의 문신이었습니다. 스승 이색은 그에 대해 "학문에서 어느 누구보다 부지런했고, 가장 뛰어났으며, 그의 논설은 어떤 말이든지 이치에 맞지 않는 것이 없다"라고 높이 평가하였습니다. 한편 그는 이성계와는 함께 여진을 토벌한 사이로 좋은 관계였습니다. 그러나 얼마 뒤 쓰러져 가는 고려를 두고 정몽주와 이성계는 서로 다른 길을 걷게 되었습니다. 정몽주는 천천히 개혁을 이루어 고려를 바로 세우겠다는 편에 섰고, 이성계는 고려는 희망이 없으니 새로운 국가를 세우겠다는 쪽이었기 때문입니다. 평소 정몽주의 뛰어난 학식과 재주를 높이 평가하던 이성계는 새 나라를 건국하기로 결심한 뒤 정몽주를 자기 편으로 끌어들여 뜻을 함께 이루기를 원하였습니다. 이성계는 고심 끝에 다섯째 아들 이방원을 내세워 정몽주의 속마음을 떠보기로 결정했고, 이방원은 「하여가」라는 시를 지어 정몽주 앞에서 읊었습니다.

　이런들 어떠하리 저런들 어떠하리
　만수산 드렁칡이 얽혀진들 그 어떠하리
　우리도 이같이 얽혀져 백 년까지 누리리라.

정몽주는 이방원의 「하여가」를 듣고는 조용히 생각에 잠겼다가 이에 대한 답가를 지었습니다. 그 시가 유명한 「단심가」입니다.

이 몸이 죽어 죽어 일백 번 고쳐 죽어
백골이 진토 되어 넋이라도 있고 없고
임 향한 일편단심이야 가실 줄이 있으랴.

뜻을 함께하자는 이방원의 제안에 정몽주는 단호하게 「단심가」로 답하며 거절합니다. 이 시에는 일편단심으로 고려에 대한 의리를 지키겠다는 정몽주의 충절이 잘 나타나 있습니다. 정몽주의 「단심가」를 들은 이방원은 그의 마음이 결코 바뀌지 않을 것임을 깨닫고 조영규 등에게 그를 암살하라고 지시합니다. 물론 이방원은 뛰어난 인재를 죽이는 것을 안타깝게 생각했으나, 정몽주를 살려 두면 새 나라를 세우는 데 큰 장애물이 될 것으로 판단했던 것입니다. 결국 1392년(공양왕 4)에 정몽주는 선죽교에서 목숨을 잃었습니다. 그로부터 약 3개월 후 이성계는 왕위에 올라 새로운 나라 조선을 건국하였고, 13년 후 정몽주는 이방원에 의해 그 학식과 신념을 높이 평가받게 됩니다. 이후 정몽주에 대한 평가는 오늘날까지 이어져 고려의 마지막 충신으로 역사에 길이길이 남게 되었습니다.

왜 정도전은 새로운 사회를 꿈꾸었을까?

운명적 만남,
정도전과 이성계

판사 양측의 주장이 매우 다르니 당시 원고의 행동에 관한 이야기를 들어 봐야 하겠습니다. 먼저 원고 측 변호인에게 질문하겠습니다. 제게 건네준 자료를 봤을 때 원고가 이성계를 직접 찾아간 것이라는데, 사실입니까?

박구자 변호사 그렇습니다. 끝나지 않을 것 같던 유랑의 시기에도 원고는 절망하지 않고 희망을 찾아 나섰고, 결국 이성계를 찾게 된 것입니다. 원고는 1383년(우왕 9) 가을과 이듬해 여름 두 차례에 걸쳐 함주의 이성계를 찾아갔습니다. 이때 원고의 나이는 마흔둘이었고, 이성계는 당시 동북면 도지휘사로서 동북 지방의 국토 방위 책임을 맡고 있었습니다. 원고가 왜구 토벌로 명성이 높은 무장 이성계를 찾아간 것은 두말할 나위도 없이 혁명을 모의하기 위함이었습니다.

판사　원고가 이성계를 찾아간 것은 새로운 세상에 대한 희망을 보았기 때문이다, 이런 맥락입니까?

박구자 변호사　바로 그겁니다. 판사님, 여기서 원고로부터 직접 듣고 싶은 게 있는데 허락해 주시겠습니까?

판사　좋습니다.

박구자 변호사　감사합니다. 원고에게 묻겠습니다. 이성계를 찾아갈 때 심정이 어땠나요?

정도전　내가 태조 이성계를 찾은 것은 운명이었습니다. 나는 그날 더 이상 과거를 돌아보지 않고 장군을 도와 내 길을 흔들림 없이 가야겠다는 결심을 하였지요. 아마도 이는 태조 이성계께서 더 잘 아실 것입니다.

박구자 변호사　증인에게 묻겠습니다. 혼란스러웠던 고려 말, 원고와 처음 만난 날을 기억하십니까?

이성계　당연히 기억합니다. 내 생애 잊을 수 없는 날이라고 할 수 있지요. 나 또한 그날의 기억이 생생합니다.

박구자 변호사　그렇군요. 먼저 당시 고려의 상황은 어땠습니까?

이성계　고려 말의 정치 상황은 한마디로 위기였어요. 역사적 전환기에 언제나 그런 것처럼 고려에서는 변화의 욕구가 강렬했습니다. 경제 파탄, 도덕의 붕괴, 힘의 균형의 파괴가 여기저기서 드러났지요. 얼마 전 이승에서 일어난 사건을 다들 기억하실 겁니다. 지난 2011년 2월, 이집트, 리비아, 예멘 등 북아프리카 지역과 중동 지역이 수많은 시민들의 피로 얼룩졌습니다. 왜냐하면 장기 독재로 인한 부패와 심각한 빈부 격차 등에 대한 국민의 불만이 마침내 폭발해 반정부 민주화 시위로 이어졌기 때문이죠. 물론 원인은 조금 다르지만 고려 말 위기 상황과 비슷하다고 할 수 있겠습니다. 고려 말 경제의 파탄은 그 근본 원인이 토지 제도의 문란에 있었어요. 백성의 일상생활을 보장하기 위해서는 모든 일의 근본인 농업의 생산성이 증대되어야 하고, 그러기 위해서는 토지의 소유 관계가 농업 생산력의 증가에 맞도록 편성되어야 합니다. ▶그러나 고려 말 당시에는 토지 소유가 극도로 귀족들에게 집중되어 있어서 빈부 격차가 극심했지요.

박구자 변호사　　고려의 위기 상황에 대해 원고는 어떤 태도를 보였나요?

이성계　　당시 정도전은 "가난한 사람은 송곳 꽂을 땅도 없다"라고 말하면서 힘있는 자, 가진 자들인 지주의 횡포를 비판했습니다. 이처럼 고려 말의 사회는 부의 극심한 불평등으로 인한 갈등과 대립이 심해져 가족, 사회, 국가의 질서와 도덕이 무너진 혼란 상태였지요.

박구자 변호사　　증인의 말이 사실이라면 고려 말 사회는 마치 무너지기 직전의 모래성과 같았군요. 그때 증인의 심정은 어땠습니까?

이성계　　정도전이 나를 찾아오기 전의 고려 사회는 박 변호사님 말씀처럼 무너지기 직전의 모래성과 같았다고 할 수 있었습니다. 사람들은 변방의 무사 출신인 내가 왜 적을 무찔러 권력을 얻었다고 부러워할지 모르겠지만 그

아비규환

여러 사람이 비참한 지경에 빠져 울부짖는 참상을 비유적으로 이르는 말입니다.

것은 말처럼 그리 간단한 일이 아니었어요. ▶남쪽으로는 왜적, 북쪽으로는 홍건적과 싸우면서 친형제나 다름없던 벗과 굶주린 백성들이 하나둘 죽어 가던 상황은 **아비규환** 이 따로 없었지요. 그러나 고려 왕은 이 문제를 해결할 수 있는 힘이 없었다고 감히 말할 수 있습니다. 다시 말해서 정도전이나, 이성계를 찾아온 것은 우연이 아닌 필연이었다 이 말입니다.

박구자 변호사　백성들이 얼마나 힘들었을지 추측됩니다. 그러한 정치적 상황이 발생하게 된 배경이 궁금합니다.

이성계　원래 고려는 신라 말에 신흥 호족 세력이 중심이 되어 건설되었고, 그 호족 세력 간의 힘의 균형 위에서 중앙 집권 체제가 안정될 수 있었어요. 그러나 13세기 후반에 일어난 무신의 난을 계기로 그 힘의 균형이 무너지면서 치열한 권력 투쟁이 오랜 세월 계속되었지요.

박구자 변호사　그렇다면 그 후 고려의 상황은 어떻게 되었나요?

이성계　고려 말에 이르러서 몰락한 양인과 부곡민 같은 하층민조차 권력 투쟁에 관여하게 됨으로써 사회는 정치 체제의 몰락으로 이어지고 말았어요. 이처럼 고려 말은 전형적인 위기 상황이었고, 이를 지켜보면서 정도전은 자기의 사상과 행동의 방향을 결정해 나갔던 것입니다. 그래서 함주로 나를 찾아왔던 것이고요.

박구자 변호사　그렇다면 원고와 만났을 당시의 상황을

교과서에는

▶ 고려 말 공민왕 때는 홍건적과 왜구가 고려에 자주 침입했습니다. 원나라가 쇠약해진 틈을 타서 일어난 한족의 농민 반란군인 홍건적이 침입했을 때는 공민왕이 안동까지 피란을 가기도 했습니다. 한편 왜구도 해안 지방에 침입하여 노략질을 했는데 공민왕 때는 개경이 위협받을 정도였지요.

말씀해 주시겠습니까?

이성계   그러지요. 등화가친(燈火可親)이란 사자성어를 들어 보신 적 있나요? 등불을 가까이할 만하다는 뜻으로, 서늘한 가을밤에는 등불을 가까이하여 글 읽기가 좋다는 뜻이지요. 그때 계절이 딱 그러했습니다. 때는 바야흐로 1383년(우왕 9) 가을로 거슬러 올라갑니다. 정도전이 함주로 나를 찾아왔을 때 그가 시를 지었던 것이 생각나는군요. 판사님, 읊어도 되겠습니까?

판사   시간 관계상 빠른 속도로 해주세요.

이성계   그렇게 하겠습니다.

아득한 세월에 한 그루 소나무,

청산의 몇만 겹 속에 자라났던고.

잘 있거라, 다음에 언제 서로 볼는지

인간 세상 굽어보면 묵은 자취걸.

박구자 변호사   원고 정도전이 한 그루의 나무에 증인을 빗대어 표현한 거군요.

이성계   그렇소. 이 시는 당시 내가 거느린 군사들을 둘러보고서 그들을 청산 속에서 자라난 우람한 소나무에 빗대어 노래한 것입니다. 이것은 곧 정도전이 자신의 문(文)과 나의 무(武)가 합쳐져 큰일을 이룰 수 있는지에 대한 바람을 나타내고 있다고 생각합니다.

이대로 변호사   과연 그럴까요? 원고는 이성계와 마음을 합친 이듬해 1384년(우왕 10) 봄에 김포로 돌아왔다가 그해 여름 다시 함주로 찾아가는데, 이때부터 그는 당시의 신진 사대부들이 가진 생각과는 다른 불순한 생각을 품었습니다. 그때 지은 다음의 시를 저도 한번 읊어 보겠습니다.

> 호수 빛 하늘 그림자 아울러 가물가물
> 한 조각 외로운 성(城)이 석양을 띠었어라.
> 이때를 당해 차마 옛 노래 듣는단 말인가.
> 함주는 본래 이 나라 중앙이라오.

판사　어떤 구절에 원고의 불순한 생각이 들어 있단 말입니까?

이대로 변호사　말씀드리겠습니다. "함주는 본래 이 나라 중앙이라오"라는 시구에서 정도전의 불순한 야망을 엿볼 수 있습니다. 함주가 어떻게 나라의 중앙이 될 수 있습니까? 이것은 함주에서 새로운 역사가 시작될 것이라는 말이 아닙니까?

판사　매우 설득력 있습니다. 그렇다면 원고가 이성계를 찾아간 이유가 나라를 개혁하기 위해서가 아니라 변란을 일으키기 위해서라는 말씀입니까?

이대로 변호사　바로 그렇습니다. 원고에게 있어 함주, 여기야말로 이 나라를 구하는 중심이 될 것이라는 말인데, 이것은 곧 이성계를 부추겨서 뭔가 변란을 꾀하겠다는 뜻이 아니겠습니까? 아직 그 누구도 새로운 세상을 생각하지 않을 때, 심지어 이성계조차 고려에

간웅
간사한 꾀가 많은 영웅을 말합
니다.

충성을 다할 때 원고는 이성계를 움직여 그를 왕좌에 앉히고 자신은 세상을 움켜쥐려 했다 이겁니다.

"그렇다면 정도전은 그야말로 난세의 **간웅**이 아닌가!"

"무서운 사람이군. 듣고 보니 한두 명이 당한 게 아닌 것 같아."

"그러게 말이야. 그런데도 정도전을 옹호하는 사람들이 저렇게나 많다니! 정도전이야말로 도무지 알 수 없는 사람인걸."

정도전에 대한 반론은 순식간에 방청석을 술렁이게 만들었다. 어찌 되었든 정도전은 역사에 남은 죄인이 아니던가.

판사　자자, 다들 조용히 해 주십시오. 원고 측 변호인, 이에 대해 반론하시겠습니까?

박구자 변호사　예, 판사님. 저는 피고 측 변호인이 읊은 시를 조금 다르게 해석하겠습니다. 그 시에는 변란이 아닌 혁명가의 길을 걷겠다는 원고의 결연한 의지가 담겨 있습니다. 1383년 이성계를 처음 만나고 돌아온 이후 원고의 생애는 신명을 바쳐 개혁을 주도하는 혁명가로서의 모험과 도전의 연속이었다고 말할 수 있습니다. 원고는 마흔셋이 되던 1384년에 오랜 유랑 생활을 접고 다시 벼슬길에 오르게 되지요. 판사님, 제가 제출한 증거 자료를 읽어 봐 주십시오.

판사　이것은 「매설헌도」로군요. 이번에는 제가 직접 읊어 보겠습니다.

　　옛 동산 아득아득 예장나무는 그늘지고
　　온 땅에 바람 차고 눈마저 깊이 쌓였네.
　　창 앞에 고이 앉아 『주역』을 읽노라니,
　　온통 하얀 가지 위에서 천심(天心)이 보이누나.

이는 그동안 세상에 가졌던 낯설음이 아니라 새로운 천심을 향한 충정을 가진다, 이런 것입니까?

박구자 변호사　그렇습니다. 그 후 원고는 1387년(우왕 13)에 자원하여 경기도 남양 부사로 내려가 선정을 베풀고 돌아왔는데, 아마도 수령의 경험이 필요하고, 또 외직을 거쳐야 중앙의 요직에 오르던 관례

선정

백성을 바르고 어질게 잘 다스리는 정치를 말합니다.

수문하시중

고려 시대 공민왕 5년(1356)에 첨의부를 중서문하성과 상서성으로 분리 및 설치한 것으로, 중서문하성에 둔 종1품 벼슬을 말합니다.

성균대사성

고려·조선 시대에 둔 성균관의 으뜸 벼슬을 말합니다.

를 따랐을 것입니다. 그 뒤 마흔여섯 살 때 **수문하시중**으로 승진한 이성계의 추천으로 **성균대사성**에 오릅니다.

이대로 변호사 그러니까 이때부터 이성계가 원고를 팍팍 밀어주기 시작했다는 거군요. 그리고 바로 다음 해에 위화도 회군이 일어나게 되는데, 이때부터 원고 눈에는 뵈는 게 없었다 이 말입니다. 이성계를 이용해서 스승도 친구도 다 적으로 돌리고 죽이고 귀양 보내라고 상소하고, 원고의 이러한 행동이야말로 도를 저버린 것이 아닙니까?

박구자 변호사 피고 측 변호인이 흥분한 것 같습니다. 물론 피고 측 변호인처럼 생각할 수도 있습니다. 하지만 당시 상황은 이인임, 임견미, 염흥방 등이 권력을 독점하고 국정을 마음대로 처리하던 때였지요. 그런 것이 가까스로 최영과 이성계에 의해 종식되었다고는 하나 위화도 회군으로 이성계가 권력을 잡으면서 같은 신진 사대부 사이에서도 편이 갈리게 되었어요. 당시 원고가 서릿발 같은 성정을 지닌 것은 사실입니다. 하지만 스승과 친구라는 친분에 매여 대업을 그르치게 됐다면 그것이야말로 오히려 더 큰 죄가 아닌가라는 생각이 듭니다. 이상입니다.

왜 정도전은 새로운 사회를 꿈꾸었을까?

태조 이성계의 선택,
위화도 회군

고려 말과 같은 내우외환의 위기 상황에서는 백성들도 청렴결백하고 힘 있는 영웅이 출현하기를 간절히 원합니다. 그러한 희망에 부응하여 나타난 인물이 최영(崔瑩, 1316~1388)과 이성계(李成桂, 1335~1408)였습니다. 왜냐하면 두 사람은 홍건적 토벌에 이어 왜구 토벌에서도 혁혁한 전공을 세웠기 때문이지요.

그러나 두 사람은 체질적으로 서로 다른 점이 있었는데, 그것은 출신 배경이었습니다. 최영은 우왕의 장인으로서 이미 귀족 반열에 올라 있었고 원나라와 긴밀한 관계를 유지해 왔습니다. 반면에 이성계는 시골 출신의 장군이었지요. 그는 뛰어난 활 솜씨로 홍건적과 왜구 토벌에 공을 세웠고 이렇게 자신의 능력으로 벼슬에 올라 승승장구하였습니다. 특히 이성계는 1388년(우왕 14)에 최영과 협력하여 이인임 일파를 몰아내고 문하시중에 올랐고, 이때부터 최영과 이성계가 권력을 휘두르게 됐던 것이죠.

그런데 이때 이미 이성계 휘하에는 정도전, 조준을 비롯한 급진파 사대부들이 결집되어 있어 고려의 미래를 대신할 새로운 혁명을 설계해 가고 있었지요. 그리고 이를 눈치챈 최영은 이성계의 제거를 모색합니다. 그 무렵 새로 중국에서 패권을 잡은 명나라가 옛 쌍성총관부 땅을 직속령으로 만들기 위해 철령위를 설치한다고 통고해 왔습니다. 최영은 이를 기회로 명나라를 정벌하기 위해 요동을 공격하고 이성계를 그곳 주둔 사령관으로 내보낼 계획을 세웠지

요. 그래서 최영이 팔도도통사가 되고, 조민수를 좌군도통사, 이성계를 우군
도통사로 삼아 요동 정벌에 나섰습니다.

그러나 이성계는 처음부터 요동 공격을 반대하였습니다. 왜냐하면 이것은
자신의 정치적 야망을 좌절시키는 일일 뿐만 아니라, 새로이 떠오르는 명나라
와 적대 관계에 놓이는 것은 국가 장래에 불리하다고 판단했기 때문이죠. 게
다가 여름철 우기의 작전과 군량미 부족도 우려되는 상황이었습니다. 결국 이
성계는 이런 생각을 정리하여 '4불가론'을 왕에게 건의했으나, 최영에 의해
묵살되고 요동 출병은 강행되었습니다.

마지못해 출병한 이성계는 결국 압록강 중앙에 있는 위화도에서 군대를 돌
려 개경으로 돌아오고 말았습니다. 그리고 나서 이성계는 우왕과 최영을 제거
하고, 조민수와 이색의 추천을 받아 우왕의 아들 창왕을 세우게 됩니다. 당시
창왕은 아홉 살로 왕권을 행사하기 어려운 처지였기 때문에, 결국 군력의 실
질적인 행사는 이성계의 몫이었죠.

민족 감정의 측면에서 보면, 큰 나라를 거스르는 것은 옳지 않다는 이성계의
주장보다 요동을 정벌하자는 최영의 주장이 훨씬 타당한 것처럼 여겨집니다.
그렇지만 당시 고려 사회 내부의 사회적·경제적 문제가 확대 및 심화되고 있
었던 상황이라든가, 잦은 왜구 침입과 홍건적과의 두 차례에 걸친 싸움 등을
생각해 보면, 고려가 과연 요동 정벌과 같은 커다란 전쟁을 감당해 낼 수 있었
을지 의문이 들기도 합니다. 최영의 주장은 겉보기에는 타당한 것 같지만 이
상적인 측면이 많았다고나 할까요.

왜 정도전은 새로운 사회를 꿈꾸었을까?

왜 정도전은 이색, 정몽주와 결별했을까?

판사　양측 변호인과 증인들의 말을 들으니 고려 말의 상황이 충분히 짐작됩니다. 그렇다면 이제부터는 원고가 자신의 스승인 이색과 친구 정몽주와 결별하면서까지 얻으려 했던 것은 무엇이며, 또 왜 그래야만 했는지에 대하여 알아보겠습니다. 특히 당시는 조선이 건국되기 전으로 온건파와 급진파가 '고려의 부흥이냐', '새 나라의 건국이냐'를 놓고 첨예하게 대립하고 있었는데요. 결국 조선 왕조가 탄생해 고려와는 차별된 정치 체계를 확립하는 과정에서 신하들 사이에 대립이 있었을 것으로 보입니다.

박구자 변호사　그렇습니다. 당시 고려 말의 정치 상황은 매우 복잡했습니다. 공민왕을 기점으로 크게 성장한 신진 사대부가 있었지만, 권문세족들은 여전히 지방에서의 막대한 경제력을 통해 중앙에서도 큰 힘을 갖고 있었지요. 중국에서도 주인이 이미 명나라로 바뀌었다고는 하나 북방에 원나라 잔당이 남아 있어서 그들 덕에 정치적 위상 또한 큰 문제 없이 유지할 수 있었고요. ▶결국 고려의 존속과 조선의 창건 사이에서 열세였던 신진 사대부는 진즉 사라졌어야 할 권문세족을 뿌리 뽑지 못한 채 다시금 온건파와 급진파로 분리되면서 복잡한 양상으로 변해 갔습니다. 특히 위화도 회군 직후 조준에 의해 전제 개혁이 추진되면서 신진 사대부 내에서 그에 대한 찬반의 입장이 분명히 갈리게 되었어요. 이때 원고는 전제 개혁을 지지했고, 이숭인과 권근은 전제 개혁에 반대했던 이들을 지지했지요. 이로 인하여 두 사람은 개혁파의 공격을 받아 1389년(창왕 1) 10월에 유배되었고, 그 후 조선 건국에 이르기까지 소환과 파직, 유배를 거듭하게 된 것입니다.

판사　　그 말은 마치 원고가 먼저 정치적으로 외면을 받게 되었다는 말처럼 들리는군요.

이대로 변호사　　이의 있습니다. 지금 원고 측 변호인은 원고가 정치적 견해 차이 때문에 어쩔 수 없이 동료들과 결별했다고 주장하면서 본질을 왜곡하고 있습니다. 설령 그렇다고 해도 원고는 자신을 유배시킨 스승과 친구들을 죽이라고 상소했는데, 이는 정치적 견해 차이를 넘어서 그의 본심을 여실히 보여 준다고 하겠습니다. 원고는 패륜아이며 잔혹한 성격을 지녔다 이 말입니다.

▶ 이성계는 위화도 회군 이후 군사적인 실권을 장악하고 본격적으로 개혁을 실시했습니다. 그러나 신진 사대부 사이에는 사회 모순에 대한 개혁의 방향을 두고 의견이 엇갈렸어요. 이색, 정몽주 등 온건 개혁파는 고려 왕조의 틀 안에서 점진적인 개혁을 추진하려 했습니다. 반면에 정도전 등 급진 개혁파는 고려 왕조를 부정하고 역성혁명을 주장했지요.

　　왜 정도전은 새로운 사회를 꿈꾸었을까?

그때 권근이 다급하게 손을 들며 말했다.

권근   판사님, 그 부분은 제가 설명해도 될까요?

판사   좋습니다.

권근   감사합니다. 정도전 선생은 위화도 회군 이후에도 성균관
시절의 친구들과의 사귐을 즐겼습니다. 당시 나와 이웃에 살면서 **도
연명**의 시를 함께 읽는 즐거움을 나누기도 하였지요. 밤에는 등불을

도연명
중국 동진의 시인으로 이름은 잠(潛)이고 호는 오류 선생(五柳先生)이며, 연명은 자(字)입니다. 주로 자연을 노래한 시가 많습니다.

연접
서로 잇닿아 있다는 말입니다.

기문
기묘한 글이라는 뜻입니다.

켜 놓고 친구들과 함께 책 읽고 토론하는 것을 낙으로 삼았습니다. 당시 지었던 시 한 편을 읊어 볼까 합니다.

좋은 벗이 이웃에 함께 살아서
골목이 이리저리 연접했다오.
찬 이슬에 젖으면서
등불 밝혀 밤에 모이네.
마주 앉아 기문(奇文)을 감상하다가
이치의 극을 보면 말을 잊네.
날로 달로 언제나 이와 같으니,
이 즐거움을 잊지 말자 맹세를 했네.

고려 말의 문신 이색

이 시야말로 정도전 선생이 10대 후반에 이색 선생의 문하에 들어가 수업한 것이 얼마나 중요한 의미를 갖는지 여실히 보여 줍니다. 하지만 한편으로 그는 이런 즐거움과 백성을 위한 혁명, 이 두 가지 중에서 어느 한쪽을 선택해야 할 시기가 점점 다가오고 있음을 인식하고 있었던 것 같습니다. 그래서 자주 악몽을 꾸었는데, 주로 꿈속에서 성균관 시절의 친구들을 만나 눈물을 흘리며 안타까워했다고 합니다.

이대로 변호사　　과연…… 그 말이 진실이었을까요? 원고가 지은 또 다른 시 한 편을 소개하도록 하겠습니다.

원고의 고백이 사실인지 아닌지는 이 시를 통해 알 수 있을 것입니다.

> 여보소, 나무를 하려거든
> 푸른 솔 가지는 찍지 마오.
> 소나무 높이 커 만 길이 되면
> 넘어지는 큰 집을 받칠 수 있네.
> 여보소, 나무를 하려거든
> 가시덩굴 모조리 베어 내야 하네.
> 가시덩굴 모조리 베어 내는 날
> 지란은 그 얼마나 무성할는지.

여기서 그는 자신의 편과 적을 구분하고 있지요. 가시덩굴, 즉 적은 다 베어 내겠다는 것 아닙니까? 그래서 스승 이색이든 절친한 벗 정몽주든 간에 다 베어 버리기 위하여 왕에게 글을 올린 것이 아닙니까?

박구자 변호사 　물론 원고는 이 시에서 자신을 소나무에 의탁해 위기 상황에 봉착한 사회를 떠받치려는 의지를 나타냄과 동시에 그 실현을 위해 장차 사회의 악이 될 가시덩굴을 모조리 베어 낼 것을 기약하고 있습니다. 현실 개혁을 위한 서릿발 같은 그의 자세는 바로 다음 해에 올린 글에서도 잘 나타나 있습니다. 이 글에서 그는 유종(儒宗)이든 혹은 왕실과 연혼 관계에 있든 구애받지 않고, 그리고 선

지란
지초(芝草)와 난초(蘭草)를 말합니다.

유종
유학의 선비들이 우러러보는 큰 학자를 말합니다.

연혼
혼인을 맺거나 혼인으로 인하여 친척 관계가 생겼음을 뜻하지요.

배든 동료든 좌우됨이 없이 강력하게 탄핵하고 있지요. 이미 현실 개혁에 온몸을 바치기로 한 이상 침묵을 지켜 구차하게 화를 면하지는 않겠다는 결연한 자세를 보이고 있는 것입니다.

이대로 변호사 그래서 왕따를 당한 것 아닙니까? 당시 공양왕에게 올린 상소를 보면 스스로 왕따라는 사실을 잘 알고 있던데요. 당시 원고는 옛 동료들로부터도 원망을 받고 고립되어 있었지요. 그래서 왕에게 참으로 구차한 상소를 올렸습니다. 이 자리에서 제가 한번 읽어 보겠습니다.

사람이 비록 지극히 어리석더라도 모두 자기 자신은 사랑할 줄 알며, 그 처자의 생계를 위하는 그런 마음이야 누가 없겠습니까? ……신이 비록 광망하오나 풍병은 들지 않았는데 어찌 자신을 사랑하지 않겠습니까? 신이 홀로 뭇 원망 가운데에 고립되어 있으니, 이 말이 나가면 화가 이른다는 것을 알지 못하는 것이 아닙니다.

판사 이에 대하여 원고 측 변호인, 반론하세요.

박구자 변호사 방금 피고 측 변호인이 읽은 상소는 결코 구차한 내용이 아닙니다. 원고도 다른 모든 사람들처럼 자신의 몸이 아까운 줄 알고, 처자를 위하는 마음도 있고, 더욱이 다른 사람들의 원망을 사 장차 자신에게 화가 닥칠 줄 뻔히 알면서도 현실 개혁을 위해 이런 상소를 올렸습니다. 얼마나 절박한 심정이었겠습니까?

　이후 원고는 동지 의식을 느꼈던 정몽주 등으로부터 탄핵을 받고 다시 봉화, 나주로 유배를 가게 됩니다. 젊은 시절부터 학문적 교감을 나누어 왔던 정몽주, 이숭인, 권근 등 오랜 동료들로부터 혈통이 불분명하고 가풍이 바르지 못한 사람이 조정을 더럽히고 있다는 공격을 받아 다시 귀양 길에 오르게 된 것이지요. 이러한 과정을 겪으면서 원고는 다음과 같은 시를 적어 귀양 길에 오르게 된 속마음을 나타내지요.

　　세상일은 때를 좇아 변해만 가고
　　인정도 물(物)에 따라 움직인다.

　그리하여 다음 해 봄에 귀양에서 풀려나 영주로 돌아왔을 때는 차분하게 자신의 내면을 바라보는 시간을 찾기도 합니다. 다음의 시에서 원고의 그러한 마음가짐을 느낄 수 있습니다.

　　한 그루 이화(梨花)는 눈부시게 밝은데
　　지저귀는 산새는 맑게 갠 볕을 희롱하네.
　　홀로 유폐되어 앉아 마음에 딴생각 없으니
　　뜰에 절로 돋아나는 풀을 한가로이 바라보네.

판사　한가롭게 자연을 벗 삼아 시를 쓴 것 같군요.

관조
고요한 마음으로 현상 또는 사물을 관찰하는 것을 말합니다.

세파
모질고 거센 세상의 어려움을 말합니다.

신명
몸과 목숨을 아울러 이르는 말입니다.

박구자 변호사 맞습니다. 그는 잡념을 떨치고 추운 겨울이 지나 만물이 소생하는 자연의 이치를 한가로이 **관조**하면서, 겨울과 같은 혹독한 **세파**에 시달려 온 자신의 마음을 홀로 피어나는 풀처럼 스스로 가다듬고 있는 것입니다. 그러고 나서 반대 세력을 제거하고 그해 7월에 새로운 왕조인 조선을 세웠지요. 자신의 이상을 실현하고 개혁을 펼치기 위해 함주에서 이성계를 만난 지 실로 9년 만에 **신명**(身命)을 건 혁명이 성공을 거두게 된 것입니다.

판사 자, 시간이 벌써 많이 흘렀습니다. 오늘 재판은 원고 정도전을 둘러싼 다양한 주장에 대하여 원고 측과 피고 측의 의견을 들어 보았습니다. 재판 첫째 날임에도 불구하고 양측의 주장이 팽팽하게 맞섰습니다. 지금까지 우리는 원고가 왜 그토록 혁명을 꿈꾸었는지, 그가 처했던 상황은 어떠했는지 알아보았습니다. 하지만 아직까지는 원고의 혁명에 대한 꿈이 옳았다고 하기에는 부족한 부분이 있는 것 같습니다. 원고의 주장이 옳은지는 다음 재판에서 좀 더 살펴보아야 할 것 같습니다. 다음 재판에서는 원고 정도전의 목표와 이로 인한 피고 이방원과의 갈등을 둘러싼 논쟁에 대하여 살펴보겠습니다. 아마 두 번째 재판이 끝나면 좀 더 명확한 그림이 그려질 것이라 생각됩니다. 그럼 오늘 재판은 여기서 마치겠습니다.

땅, 땅, 땅!

다알지 기자

안녕하세요. 역사공화국 법정 뉴스의 다알지 기자입니다. 지금 저는 정도전과 이방원 간 재판이 벌어지고 있는 한국사법정 앞에 나와 있습니다. 이번 재판은 1차 왕자의 난 때 죽임을 당한 원고 정도전과 태조 이성계를 비롯해 조선 개국을 둘러싼 주요 세력들이 등장한다는 사실 때문에 일찍부터 역사공화국의 큰 관심거리였답니다. 재판 첫째 날인 오늘은 원고가 소송하게 된 배경에 대해 치열한 공방이 펼쳐졌습니다. 덕분에 고려 말 위기 상황에 대해 자세히 살펴볼 수 있었는데요. 피고 측은 원고가 권력을 쥐기 위해 수단과 방법을 가리지 않았다며, 『조선왕조실록』에 기록된 자료를 토대로 스승 이색과 친구였던 정몽주를 배반한 패륜아라고 주장했습니다. 이에 원고 측은 권문세족의 부정부패, 빈부 격차 심화, 왜적과 홍건적의 침입 등으로 인해 고려 말은 절체절명의 위기 상황이었다는 점을 강조했습니다. 그럼 오늘 재판의 피고인 이방원과 원고 정도전의 이야기를 들어 보겠습니다.

이방원

처음에 아버지로부터 내가 소송을 당했다는 소식을 들었을 때 참으로 기가 막혔습니다. 게다가 아버지가 내가 아닌 원고의 증인으로 나선다니 그야말로 충격이었지요. 나 이방원의 행동은 정당했고 너무나 당연했다는 것을 이번 재판을 통해서 반드시 밝히겠습니다. 더불어 조선 건국에 공이 컸던 나를 세자 책봉에서 빼 우리 형제들 사이를 멀어지게 했던 정도전의 무시무시한 계획을 재판을 통해 다 밝히겠습니다. 그리고 아버지도 하루빨리 정도전의 손아귀에서 벗어나서 그가 두 얼굴을 지녔음을 깨달으셨으면 합니다. 나는 살기 좋은 조선을 만들기 위해서 사사로운 정을 다 버리고 오로지 조선과 백성을 위해 살다가 생을 마쳤어요. 아들 세종이 안정된 왕권과 경제력을 바탕으로 태평성대를 이룰 수 있도록 그 기반을 다져 놓았단 말이지요. 이런 내게 공로상은 주지 못할망정 소송을 걸다니요? 내 삶에서 오늘이 가장 치욕스런 하루입니다.

왜 정도전은 새로운 사회를 꿈꾸었을까?

정도전

　오늘 재판 내내 10대 후반에 스승이신 이색의 문
하에서 수업하던 시절이 떠올라 마음이 아팠습니다.
나는 스승님과 친구들과 다른 길을 가야만 했을 때 꿈에서
도 슬퍼했습니다. 그 꿈에서 깰 때마다 두 눈에서 눈물이 흐르고 있었
지요. 나는 백성을 위한 혁명의 길을 걷게 되면서 젊은 시절부터 이어
졌던 절친한 교유 관계가 더 이상 용납되지 않을 수도 있다는 것을 예
감했습니다. 그리고 마침내 왕조 교체라는 큰 업적을 성취했음에도
불구하고, 나는 억울하게 죽임을 당하고 말았습니다. 바로 피고로부
터…… . 그래서 이렇게 역사공화국에 와서도 원통한 심정을 떨쳐 버릴
수가 없습니다.

조선의 설계자, 정도전

교과연계

역사
VI. 조선의 성립과 발전
  1. 조선의 성립
    (2) 통치 체제를 정비하다

1

조선 건국은
하늘의 뜻이었을까?

판사　재판 두 번째 날이군요. 첫 번째 재판에서는 정도전이라는 인물에 대해 그리고 그가 왜 혁명을 꿈꾸었는지에 대해서 알아보았습니다. 왜 유독 원고가 혁명을 외쳤는지에 대해서 특히 논란이 되었는데요. 그가 백성을 위한 혁명가였는지 자신의 권력욕 때문에 모두를 이용한 것인지에 대해서는 여전히 판단하기 힘든 것 같습니다.

　이어지는 오늘 재판에서는 원고가 왜 이성계를 도와서 조선을 건국했고 재상 중심의 정치 체제를 구상했는지 다루어 보도록 하겠습니다. 먼저 원고 측 변호인은 오늘 다룰 주요 내용에 대해 간단히 진술해 주세요.

박구자 변호사　조선을 건국하는 과정에서 원고의 스승과 친구들이 어떻게 변했는지 알아볼 필요가 있습니다. 이를 살펴보기 위해 지금부터 제가 준비한 증거 자료를 모두 봐 주시기 바랍니다.

판사는 박구자 변호사가 제시한 증거 자료를 면밀히 살펴보았다.

악장시
조선 초기에 만들어진 시가로
나라의 공식 행사 때 궁중 음악
에 맞추어 불려졌습니다. 주로
조선 왕조의 번영을 축하할 때
사용되었지요.

판사 「신도가」와 「정동방곡」, 「문덕곡」 등 모두 조선 건국 이후에 원고가 쓴 악장시군요. 조선 창업과 약동하는 힘을 노래한 기쁨과 희망의 시들이에요.

박구자 변호사 그렇습니다. 원고는 기꺼이 패륜아 소리를 들어 가면서 고려 말의 암울하고 옹색한 시대적 분위기를 떨쳐 버리고 새롭게 일어서려는 의지가 담긴 조선을 건국해 낸 것입니다.

이대로 변호사 이의 있습니다. 지금 원고 측 변호인은 원고의 지극히 주관적인 감정이 담긴 시를 증거 자료로 제시해 조선 초의 시대 상황을 설명하는 오류를 범하고 있습니다.

조금 전까지 희미한 미소를 머금고 있던 정도전의 얼굴이 이대로 변호사의 발언에 금세 일그러졌다.

판사 피고 측 변호인의 주장을 인정합니다. 그러나 원고 측 변호인이 제시한 증거 자료들을 통해서 원고가 조선 건국을 어떤 관점으로 바라보았는지, 당시 원고의 심정이 어땠는지 확인할 수 있다고 판단됩니다. 이에 대해 원고는 어떻게 생각하시나요?

제택
규모가 큰 집을 말합니다.

여염
백성들이 사는 살림집이지요.

연화
인가에서 불을 때어 나는 연기를 뜻합니다.

정도전 그렇습니다. 나는 조선을 건국하는 데 최선을 다했다고 장담합니다. 그 결과 태평성대를 열지 않았습니까? 사실 고려 왕조와 조선 왕조를 비교해 본다면 조선이 고려에 비해 얼마나 정치적으로 세련된 국가였는지를 아실 것입니다. 고려 왕조는 왕의 능력에 따라서 그 고통이 고스란히 백성에게 전가되는 정치적 결함이 있는 국가였습니다. 내가 살던 고려 말이 특히 그랬지요. 하지만 ▶내가 지은 『조선경국전』대로 따를 경우 훌륭한 재상이 나라를 다스리기 때문에 왕의 능력과 상관없이 백성은 언제나 태평성대를 누릴 수 있습니다. 만약 나의 방법이 잘못되었다면 조선 왕조 500년 동안 나의 방법을 사용했을까요? 이것이 바로 내가 장담하는 내용입니다. 판사님, 내가 지은 시를 소개해도 되겠습니까?

판사 좋습니다.

정도전 당시 새로운 시대를 맞아 태평을 구가함과 동시에 새로운 세상을 건설한 데 대한 자부심이 나라 곳곳에서 샘솟던 모습을 그린 시입니다.

교과서에는

▶ 정도전은 훌륭한 재상을 선택해 그에게 정치 실권을 부여하여, 위로는 왕을 받들어 바른 길로 인도하고 아래로는 백관을 통괄하여 만민을 다스리도록 해야 한다고 주장했습니다.

제택은 구름 위로 우뚝 솟고
여염은 땅에 가득 서로 연달았네.
아침과 저녁에 연화(煙火) 잇달아
한 시대는 번화롭고 태평하다오.

이 시는 혁명의 성공과 새 왕조를 연 데 대한 뿌듯함과 자부심으로써 내려간 것이지요. 그렇기 때문에 단순히 나의 주관적인 감정이 실린 글이라고 할 수는 없습니다. 이제 두 번째 시를 읊어 보겠습니다.

남도라 넘실넘실 물이 흐르나
사방의 나그네들 줄지어 오네.
늙은이 쉬고 젊은 자 짐 지고
앞뒤로 호응하며 노래 부르네.

이 시에는 일상적인 삶 속에서 일반 평민들의 가슴도 벅참과 떨림으로 메아리치고 있다는 내용이 담겨 있습니다. 이 시들을 보면서 당시 조선의 백성을 생각하며 새 왕조를 열기 위해 스승과 친구를 저버려야만 했던 나의 마음을 패륜이라고 비난할 수는 없을 것입니다.

정도전의 말이 끝나자 이방원은 잔뜩 화가 난 얼굴로 그를 노려보았다.

판사   타당성 있는 발언입니다. 피고, 이러한 원고 측 주장에 대해 어떻게 생각하십니까?

이방원   판사님, 저자의 발언은 거짓입니다!

홍당무처럼 얼굴이 벌게진 정도전은 두 눈을 지그시 감고 호흡을 가다듬었다. 그러고 나서 천천히 눈을 뜨고 자세를 고쳐 앉았다.

판사   피고, 흥분을 가라앉히고, 방청객들을 위해 간단히 자기소개를 한 후 발언해 주세요.

이방원   흠흠. 나 이방원은 이성계의 다섯째 아들로 조선의 제3대 왕이었던 태종입니다. 소개는 이쯤 하고요, 먼저 말하고 싶은 건 정도전의 발언이 거짓이라는 겁니다. 그는 조선을 건국했다는 단 하나의 성공을 앞세워 자신의 악행을 변호하고 있는 데 지나지 않아요.

판사   아니, 만약 원고가 성공하지 않았다면 피고 역시 조선의 왕이 되지 못했을 텐데요. 피고는 지금 그의 성공을 부정하는 것입니까?

이대로 변호사   판사님, 그 부분은 제가 말씀드리겠습니다. 지금 피고는 원고의 성공을 부정하고 있는 것이 결코 아닙니다. 다만 그 방법에 있어서 모든 것을 목적이 아닌 수단으로 삼아 버리는 원고의 행동을 문제 삼고 있는 것입니다. 원고는 모든 것을 수단으로 삼았고 마침내 자신이 섬겨야 하는 왕까지 도구로 전락시키고자 계획했지요. 이것이 바로 원고가 원했던 재상 중심의 정치 체제라는 말입니다.

판사   그 말이 사실이라면 원고가 섬긴 왕조차 결국은 원고가 이루고자 했던 계획의 일부였다는 말이군요. 원고, 이 말이 사실인가요?

정도전   ......

판사   원고는 대답하세요. 사실입니까?

정도전   ......

왜 정도전은 새로운 사회를 꿈꾸었을까?

정도전이 머뭇거리며 끝내 답변을 못하자 방청석 여기 저기서 웅성거리기 시작했다. 법정이 점점 소란스러워질 때쯤 이방원의 아버지, 이성계가 나섰다.

이성계   에헴. 내가 증인으로서 한마디 하겠소.
역사는 나를 반역자로 기록하지 않습니다. 나는 조선을 건국한 왕이자 우리 후손들이 알고 있는 가장 유명한 위인 중 한 명이지요. 나를 악당이 아니라 영웅으로 기록하는 까닭은 정도전 그가 나에게 이해시킨 **역성혁명** 때문일 겁니다. 고려는 하늘의 뜻을 어겼고, 나는 하늘의 뜻을 이어받았어요. 역성혁명은 결코 반역이 아닌 것이지요. 정도전은 나에게 역성혁명을 설명하였고, 나는 그와 힘을 모았습니다. ▶결국 그는 역성혁명의 최전선에서 새로운 왕조 창업이라는 대역사를 이루었고, 나 이성계를 하늘의 뜻을 받드는 위대한 군주로 만들었지요.

그가 감동에 찬 표정으로 읽었던 시가 생각나는군요. 새로운 왕조를 열고 나서 잠시 숨을 돌리던 시절…… 그러니까 조선을 건국한 지 2년이 지났을 무렵 가을이었지요. 장단에서 배를 타고 맑은 하늘 아래 노닐 때 정도전이 다음과 같이 감회를 노래했지요.

가을 물 맑고 맑아 하늘 함께 짙푸른데
우리 임금 **여가**를 내 **누선**에 오르셨네.

역성혁명
왕조가 바뀌는 것을 말합니다.

여가
왕이 타는 가마나 수레를 말합니다.

누선
주로 뱃놀이에 사용되던 다락이 있는 배를 말합니다.

교과서에는

▶ 조선을 건국한 태조 이성계는 고려의 그늘에서 벗어나고 왕실의 권위를 높이기 위해 새 국가가 하늘의 명을 받고 백성의 지지를 얻어 세워진 것임을 강조했습니다.

사공은 장단곡을 부르지 마소.

지금이 바로 조선 나라 제2년일세.

판사 "지금이 바로 조선 나라 제2년일세"라는 부분이
역성혁명의 당위성을 담고 있나요?

이성계 정확합니다. 이 짧막한 시의 결구에 당시 정도
전이 품고 있던 역성혁명의 당위성에 대한 자신감과 새 왕조 개창에
대한 자부심이 집약되어 있다고 할 수 있어요. 그런데 이런 그가 만
약 단순히 권력에 눈이 먼 것이었다면 조선 건국의 의미가 없다 하
지 않겠소?

박구자 변호사 그렇습니다. 시에서 무엇이 느껴지십니까? 저는 역
성혁명의 격동과 불안과 위기의식은 잠잠해지고 고요함과 평안함
속에서 새 희망이 솟는 것을 느꼈습니다. 과거의 악몽을 떨쳐 버리
고 두 주먹 불끈 쥐고 일어서면서 '이제부터 다시 시작이야'를 다짐
하듯 마음속으로 희망의 다짐을 되뇌고 있는 것입니다.

이처럼 짧막한 한 편의 시를 통하여 우리는 새로운 시대의 개막과
함께 원고의 마음속에서 솟구치고 있는 희망과 고려 말의 암울함을
떨쳐 버리려는 의지를 읽을 수 있는 것입니다. 원고가 주장한 재상
중심의 정치 체제는 오로지 이러한 평안함을 더하기 위한 방법의 하
나였을 뿐 피고 측에서 말하는 권력욕과는 관계가 없다 하겠습니다.
이에 다음 자료를 제출합니다.

박구자 변호사가 제출한 증거 자료는 1394년에 만들어진 『조선

경국전』이었다.

판사   이것은 『조선경국전』이로군요.

박구자 변호사   『조선경국전』은 태조 3년에 만들어진 법전입니다.
이 책의 저자는 바로 이 자리에 있는 원고 정도전이지요. 상하 두 권
으로 이루어진 책으로 조선 왕조의 헌법이라 할 수 있습니다.

판사   법전에 어떤 내용이 담겨 있나요?

박구자 변호사   『조선경국전』에서는 조선의 건국이 하늘의 이치와
백성의 마음에 순응한 당위적인 역성혁명이라고 강조하고 있습니
다. 그것은 바로 민심이 곧 천심이며, 혁명 전후 원고가 읽었던 천심
의 향방이라는 의미입니다. 보위를 바로잡는 것이야말로 민심의 향
방이라 하여 역성혁명의 당위성을 말하고 있지요. 이것은 그가 새로
운 왕조를 설계한 책인 『조선경국전』을 '정보위(正寶位)'에서 시작하
고 있는 이유이기도 합니다. 이상입니다.

그때였다. 정도전이 옷매무새를 가다듬고 공손하게 자리에서 일
어났다.

정도전   판사님, 제가 이어서 설명해도 되겠습니까?

판사   좋습니다. 설명하십시오.

정도전   감사합니다. 역성혁명은 바로 내가 주장했던 핵심 내용이
라고 할 수 있습니다. 제왕이 부덕하여 민심을 잃는다는 것은 곧 하

선양
왕의 자리를 물려주는 것을 말
합니다. 같은 말로 양위라고도
하지요.

늘을 거역한다는 뜻이며, 덕이 있는 다른 사람이 천명을 받아 왕조를 바꾸는 것이 하늘의 뜻을 따르는 길이라는 내용이지요. 조선 왕 이성계는 스스로 왕위를 찬탈한 것이 결코 아닙니다. 민심의 추대와 천명의 허락을 받아서 이루어진 일이지요. 또한 폭력적 방법이 아니라 가장 이상적이며 평화적인 선양의 형식을 취했다는 점에 주목해야 할 것입니다.

판사 우리나라 왕조 교체 역사상 최초의 일이었나요?

정도전 맞습니다. 본질적으로는 비록 무력적 위압 속에서 이루어진 것이기는 하나, 이러한 선양 방식에 의한 왕조 교체는 우리나라 역사상 최초의 일이었으며, 그것을 실현시킨 사상적 기초는 다름 아닌 민본 사상과 혁명 사상이었습니다. 방청석에 계신 분들도 역성혁명의 정당함을 알고 계시리라 생각합니다. 그런데 역성혁명을 주장한 내가 그렇게 큰 죄인이 된다는 게 말이 됩니까?

박구자 변호사 바로 그렇습니다. 나라의 근본은 백성이므로 백성을 사랑하고 위하고 보호하고 존중해야 한다는 것은 결국 통치자에게 요구되는 최고의 도덕규범입니다. 그렇다면 만약 통치자가 이 민본의 도덕규범을 저버리고 악정을 베푼다고 할 때 이를 제재할 방법은 무엇일까요? 여기에 대한 대답이 원고 정도전의 이른바 '혁명' 사상인 것입니다. 지금까지 지적된 원고의 결점이란 것들도 사실 역성혁명이 정당하다면 문제 삼을 수 없지 않겠습니까? 저는 그렇게 생각합니다. 이상입니다.

왜 정도전은 새로운 사회를 꿈꾸었을까?

조선 최초의 헌법,
『조선경국전』

　『조선경국전』은 정도전의 대표적인 정치 이론서이면서 동시에 조선 최초의 법전이라고 할 수 있습니다. 총 두 권으로서, 태조는 이 책을 조선 정치의 큰 기준으로 삼도록 권장했습니다. 또한 책을 금궤에 보관하게 하고 자손만대의 귀감으로 삼도록 했습니다.

　이로써 조선 왕조는 사람이 아니라 법에 따라 통치하는 '법의 국가'로 출발하게 되었으며, 일종의 입헌 군주제에 가까운 국가 형태를 띠게 되었습니다. 이 책이 토대가 되어 조선 왕조 500년의 기본 법전이 되었던 『경국대전』 또한 편찬될 수 있었던 것입니다. 이러한 법전의 완성은 한 국가의 체제가 완비되었음을 상징하는 지표라고 할 수 있습니다.

　정도전은 『조선경국전』을 통해 조선 건국의 이념적 지표들을 설정해 나갔습니다. 그중에서도 핵심은 신하의 권력을 강조한 부분이라고 할 수 있습니다. 다음 조항을 보면 특히 재상의 역할을 강조하고 있습니다.

"국왕의 자질에는 어리석음도 있고 현명함도 있으며, 강력한 자질도 있고 유약한 자질도 있어서 한결같지 않으니, 재상은 국왕의 좋은 점은 순종하고 나쁜 점은 바로잡으며, 옳은 일은 받들고 옳지 않은 일은 막아서, 백성들이 임금을 존경하고 떠받들게 해야 한다."

조선 건국의 이념을 제시한 정도전의 머릿속에는 자신과 같은 재상이 언제든 왕권을 견제할 수 있어야 한다는 생각이 들어 있었던 것입니다.

『조선경국전』은 나라를 통치하는 데 있어서 그 규모를 크게 6전으로 나누어 설명하면서 6전 앞에 정치의 총론으로서 정보위, 국호, 정국본, 세계 그리고 교서의 5개 항목을 두었습니다.

책의 첫머리에 위치한 '정보위'는 왕위를 바르게 유지하는 원칙을 설명한 것입니다. 여기에서는 만물을 생성시키는 자연 원리인 인(仁)의 마음이야말로 왕의 최고 덕목이며, 그러한 마음을 잃을 때는 백성이 왕을 버리게 된다고 강조하였습니다. 또한 정도전은 이 부분에서 고려 왕조의 멸망의 원인과 함께 조선 왕조 개창의 당위성을 강력하게 주장하고 있습니다.

2

왕권 중심주의 vs
재상 중심주의

판사   그렇다면『조선경국전』을 통해 원고가 구상했던 정치 체제를 살펴볼 필요가 있겠습니다. 원고는 조선을 건국하면서 구상한 정치 체제에 대해 말씀해 주시기 바랍니다.

정도전   나는 전 왕조인 고려가 멸망한 건 나라가 어떤 정치 규범이나 원리에 의해 온전하게 작동하지 않았기 때문이라고 판단했지요. 그래서 새로운 왕조의 치국에 대한 지침을 제시하기 위해 제가『조선경국전』을 저술한 것입니다. 그 내용으로는『주례』의 통치 규범을 참고하여 치전, 부전, 예전, 정전, 형전, 공전 등 6전으로 구분하였고 관제, 군사, 호적, 경리, 농상, 진휼, 종묘, 사직, 악, 학교, 과거 등에 관한 제도를 기술했지요.

박구자 변호사   그렇습니다. 후에 편찬된 하륜의『경제육전』과 세

나로 말할 것 같으면 조선 왕조의 정치, 경제, 사회, 문화, 군사 등을

총망라한 종합 교과서라고 할 수 있지!

『주례』
중국의 오래된 책으로, 천명을 받은 왕의 국가 통일에 의한 이상 국가 행정 조직에 대해 상세히 설명했습니다.

공도
사회 일반에 통용되는 바른 도리 또는 떳떳하고 당연한 이치를 말합니다.

조 대의 『경국대전』은 모두 『조선경국전』을 바탕에 두고 이루어진 것들입니다. 이에 따라 조선 왕조는 개국 직후부터 독자적인 정치 규범을 만들고, 이를 표준으로 하여 정치를 운영할 수 있게 되었지요. 나아가 조선 초기에 투명하고 공정하게 나라를 운영하여 민본 정치와 공도(公道)가 실현될 수 있는 관료 정치 체제를 마련할 수 있었던 것이지요. 그것은 의정부와 6조 직계제를 살펴보면 확인할 수 있습니다.

판사   그렇다면 조선의 건국뿐만 아니라 그 운영까지도 원고의 노력으로 가능했다고 생각해도 되겠습니까?

이대로 변호사   판사님, 그렇게 생각하실 수도 있습니다. 그러나 이것만큼은 명심해 주십시오. 원고가 주장한 운영 방침은 결국 왕을 부정하여 허수아비로 만들고 자신이 재상이 되어 정권을 마구 휘두르기 위한 방편에 불과했다는 사실을 말입니다.

그때였다. 정도전이 준엄한 표정으로 이대로 변호사의 말을 받아쳤다.

정도전   이대로 변호사의 말은 결코 사실이 아닙니다. 물론 나는 새로운 정치 공동체인 조선 왕조를 수립하면서 신하, 즉 재상을 중심으로 하는 강력한 관료 체제의 구축을 지향했습니다. 그러나 분명한 것은 재상이란 사물의 옳고 그름을 판단할 수 있는 식견과 사물의 복잡함을 넓게 헤아릴 수 있는 도량, 또한 아랫사람을 진심으로 순종시킬 수 있는 덕성을 골고루 갖추고 있어야 함을 그 조건으로 삼았습니다. 그뿐만이 아닙니다. 군주는 재상의 옳고 그름을 논해야 하고, 재상은 군주를 바르게 섬겨 양자가 자기의 임무를 다함으로써만 정치적 권위와 질서가 유지된다고 말했을 뿐입니다. 이는 망국인 고려를 통해 증명된 것이 아닙니까?

정도전이 방청석을 둘러보며 어깨를 으쓱하자, 방청석에서는 정

도전의 말이 옳다며 동의하는 말과 미심쩍어하는 말들이 오갔다. 이
때 이방원이 나섰다.

이방원　　그러나 그대는 군주를 바르게 하기보다 그대에게 맞는 자
를 군주로 세우려 하지 않았소? 그대는 현명한 왕 밑에서 군주와 재
상이 상호 보완적이어야 한다는 자신의 주장과는 달리 어린 방석의
스승이 되어 국정을 마음대로 하려 했다고 생각되는데, 아니라고 말
할 수 있소?

　박구자 변호사가 굳은 표정으로 불쑥 끼어들었다.

박구자 변호사　　안 끼어들려고 했습니다만 짚고 넘어가지 않을 수
가 없네요. 그렇다면 피고는 원고가 국정을 마음대로 할까 봐 왕자
의 난을 일으켜 원고와 동생들을 살해하였다, 이 말씀을 지금 하시
는 겁니까?

　박구자 변호사의 말에 이방원은 석고상이 된 듯 굳어 버렸다.

이대로 변호사　　이의 있습니다. 지금 원고 측 변호인은 재판 내용과
상관없는 이야기를 하며 교묘하게 피고를 조종하려 하고 있습니다.
판사　　기각합니다. 피고는 대답하지 않아도 좋습니다만 난 이 자
리에서 피고의 대답을 듣고 싶군요.

이방원   음, 그렇습니다. 동생까지 죽일 때는 안타깝고 괴로운 심정이었으나, 간신배에게 이끌려 왕좌를 꿈꾸었던 동생과 그 동생을 꾀어 국정을 제 맘대로 하려 했던 정도전을 가만히 놔둘 수는 없는 노릇이었어요.

박구자 변호사   좋습니다. 그렇다면 왕자의 난을 일으킨 시기에 대해 여쭤 보겠습니다. 왕자의 난을 일으킨 시기가 동생 방석이 세자로 책봉되고 난 이후, 그리고 정도전의 사병 개혁 과정에서 시위패라 불리던 사병이 폐지되기 이전인데, 맞습니까?

이방원   맞습니다.

박구자 변호사   존경하는 판사님, 피고 이방원이야말로 공정한 세자 책봉 경쟁에서 탈락하여 상실감을 느끼던 중 사병 개혁이 일어나자 자신이 왕이 되는 것을 막는 원흉이 원고라고 보고 원고와 동생들을 살해한 범인입니다.

원흉
못된 짓을 한 사람들의 우두머리를 말합니다. 같은 말로는 수괴라고 하지요.

방청석에서 소란이 일어났다. 방청석 뒷자리에서는 피고 이방원을 향해 손가락질하는 무리도 보였다.

"자신이 왕이 되려고 아버지가 신임하는 신하와 친동생들을 죽이고, 그 일을 감추기 위해 정도전한테 뒤집어씌운 거야?"

"세상에나, 권력이라는 게 이토록 무서운 것일 줄이야!"

소란스러운 방청석을 향해 판사가 말했다.

판사   신성한 법정에서 조용히 해 주세요. 피고 측 변호인의 말을

들어 보도록 하겠습니다.

이대로 변호사   이 사건은 그렇게 간단히 설명할 문제가 아닙니다. 피고가 왕이 될 생각이었다면 왜 쿠데타 이후에 세자 자리를 물려받지 않고 형인 방과에게 양보했겠습니까? 이것은 비록 유혈 쿠데타를 일으켰지만 왕위에 대한 욕심이 없었기 때문입니다. 이렇게 국가의 앞날을 위해 살신성인의 정신을 실천한 인물이 바로 피고입니다.

박구자 변호사   그렇지만 결국 피고가 왕이 되었습니다. 살신성인의 자세가 아니라 명분이 없기 때문에 겉으로 드러나지 않게 물러서 있었던 것이 아닙니까? 잠시 세자 자리를 양보하더라도 결국 자신이 집권할 수 있을 거라고 확신하였을 것입니다. 결국 넷째 형 방간도 유배 보내지 않았습니까?

판사 피고가 넷째 형인 방간을 귀양 보냈다는 말인가요?

박구자 변호사 그렇습니다. 이방원은 동생뿐만 아니라 형도…… 좋습니다. 제가 말을 계속한다고 해서 그의 행동을 고발할 수 없겠군요. 존경하는 판사님, 지금 피고의 형인 이방간을 증인으로 내세워도 되겠습니까?

판사 좋습니다. 증인은 나와서 선서해 주세요.

살신성인
자기의 몸을 희생하여 인(仁)을 이룬다는 뜻으로 희생정신을 말합니다.

이방간은 회한이 가득한 얼굴로 증언대에 올랐다. 그리고 아버지와 동생 방원을 한 번씩 둘러본 뒤 선서를 했다.

이방간 안녕하십니까. 나는 태조 이성계의 넷째 아들입니다. 방간이라는 이름보다는 회안 대군으로 잘 알려져 있죠.

박구자 변호사 증인에게 묻겠습니다. 증인은 삶의 마지막을 유배지에서 마쳤죠?

이방간 네…… 그렇습니다.

박구자 변호사 무엇 때문에 그곳에서 죽음을 맞이하게 됐나요?

이방간 휴, 말씀드리겠습니다. 사실 난 매우 어리석은 사람입니다. 나는 피고에게 속아 넘어갔습니다.

박구자 변호사　피고 이방원은 증인과 형제 관계 아닙니까?

이방간　그렇습니다. 아니, 이제는 동생으로도 부르고 싶지 않습니다! 이방원 저자에게 속아 넘어가서 정도전과 동생인 방석을 죽이기까지 했죠. 정말이지 너무나 후회가 됩니다.

박구자 변호사　왜 후회가 되는지 좀 더 자세히 말씀해 주시겠어요?

이방간　나는 2차 왕자의 난이 일어나 방원에 의해 유배를 당하기 전까지만 해도 동생 방원이 옳은 줄 알고 있었어요. 하지만 진실은 그렇지 않았습니다. 나 또한 방원에게 당했습니다. 방원이 한 일이란 게 자기를 왕으로 밀지 않는 신하를 죽이고 배다른 동생을 처리한 것이 다이니 말입니다. 결국 방원 때문에 우리 형제들 모두 비참한 처지에 놓이게 된 셈이죠. 방원은 둘째 형조차 허수아비 왕으로 세운 후 결국 본인이 왕위를 차지했지요.

박구자 변호사　마지막으로 피고에 대해서 하고 싶은 말이 있으면 하세요.

이방간　이방원 저자는 피도 눈물도 없습니다. 권력욕에 눈이 멀었지요. 권력을 위해서라면 어떤 수단과 방법도 가리지 않는 자입니다.

박구자 변호사　한 사람의 권력욕 때문에 비참한 상황에 놓이게 된 형제들 이야기가 참 가슴이 아프네요. 이상입니다.

　　이방간은 자리에 돌아가서도 분이 풀리지 않는지 어깨를 부들부들 떨며 이방원을 노려보았다. 하지만 이방원은 눈 하나 깜짝하지 않았다.

　왜 정도전은 새로운 사회를 꿈꾸었을까?

판사 피고 측 변호인, 변론하시겠어요?

이대로 변호사 역사를 한번 돌이켜 봅시다. 태종 이방원의 왕권 강화 정책을 감히 누가 비난할 수 있을까요? 조선의 역사를 보면 왕의 힘이 약해 신하에 의해 국정이 휘둘리는 일이 비일비재했습니다. 이방원의 결정에 돌을 던질 자가 누구냐 말입니까!

판사 알겠습니다. 지금까지 국가를 운영하는 정치 체제를 놓고 과연 무엇이 옳았는지 원고 측과 피고 측 각자의 주장을 들어 보았습니다. 이 문제를 좀 더 자세히 알아볼 필요가 있다고 생각합니다. 당시 조선에는 국가 운영을 위하여 6조와 중앙 관청이 있었는데, 그 6조를 통제하는 권한이 3정승으로 대표되는 의정부에 있는 것이 옳았는지, 왕에게 있는 것이 옳았는지에 대해 논의해 보도록 하겠습니다. 양측에서 이 문제에 대해 요약해서 설명해 주시겠습니까? 먼저 원고 측부터 발언해 주세요.

박구자 변호사 재상에 관한 군주의 인사권과 주체성을 가진 재상의 의견이 제 기능을 할 때만 군주와 재상의 상호 보완적인 지배 체제가 존립할 수 있다고 생각합니다. 무능력한 왕이 나오면 국가가 흔들리고 현명한 왕이 나오면 국가가 성장하는 불완전한 체제를 대체 언제까지 계속 반복하려 하는 것입니까? 최종 결정은 왕이 내린다 하더라도 6조의 업무가 의정부를 거치는 것은 매우 당연한 일입니다. 이것이 바로 의정부 서사제입니다.

판사 왕과 신하의 상호 보완적인 관계의 필요성을 주장하는 거군

비일비재
같은 현상이나 일이 한두 번이 아니라 많이 일어나는 것을 말하지요.

의정부 서사제
강력한 왕권을 바탕으로 조선의 정치 체제를 마련한 태종이 실시한 것으로, 일반 업무는 6조에서 의정부로 보고하고 이를 의정부 대신들이 합의, 결정한 후 왕의 재가를 받아 시행하는 것을 말하지요.

요. 그럼 다음으로 피고 측 주장을 들어 보도록 하겠습니다.

이대로 변호사 피고는 왕위에 오른 후 왕권을 안정시키기 위해 권세 있는 신하든 공신이든 처남이든 가리지 않고 처단하였습니다. 누구를 위해서 그래야만 했을까요? 피고 자신을 위해서였을까요? 과연 그랬을까요? 아닙니다.

피고는 6조를 왕이 직접 장악하여 의정부 재상 중심의 정책 운영을 국왕 중심 체제로 바꾸려 했습니다. 언뜻 듣기에 의정부 서사제는 매우 발전된 정치 체제처럼 보일지

교과서에는

▶ 태종은 정치 업무를 6조에서 의정부를 거치지 않고 곧바로 국왕에게 올려 국왕의 허가를 받아 시행하게 하는 6조 직계제를 채택했습니다.

왜 정도전은 새로운 사회를 꿈꾸었을까?

도 모릅니다. 하지만 그 방법은 권세 있는 가문을 만들고 그들만을 살찌우는 폐단을 낳게 됩니다. 6조 직계제가 사실상 무너질 때 등장한 세도 가문을 보면 알 수 있지 않습니까?

폐단
어떤 일이나 행동에서 나타나는 옳지 못한 경향이나 해로운 현상을 말합니다.

그렇다면 왜 피고는 왕권 중심 체제로 바꾸려 했을까요? 바로 왕권 강화와 권력 안정이라는 과제를 실현하는 데 모든 것을 걸었기 때문이죠. 피고는 권력 승계 과정에서도 장자 양녕 대군이 왕의 재목이 아니란 것을 알고 14년간 세자로 있었던 그를 내치고 셋째인 충녕 대군을 세자로 삼았습니다. 피고는 비록 정도전처럼 대단한 꿈을 꾸지는 못했지만, 옛 영토 회복을 포기하는 대신 삼남(三南) 지방의 부유한 백성에게 세금과 부역을 면제해 주면서 집단 이주시켜 압록강 이남을 개발하였고, 대마도의 왜구를 정벌하는 등 실질적인 왕권의 힘이 무엇인지를 보여 주었지요. 이런 피고가 감히 틀렸다고 할 수 있습니까? 그렇다면 피고의 아들 세종 대왕을 왕으로 세운 것도 잘못된 것인가요? 결국 그의 치세도 바로 피고가 원고와 다투어 이루어 낸 결과물이라는 것입니다. 이상입니다.

3

비운의 혁명가,
정도전

판사 양측의 의견이 팽팽합니다. 그렇다면 원고 측에서 주장하는 '정도전 생애 부정하기'에 대한 것을 한번 살펴보도록 하겠습니다. 원고 측 변호인이 이에 대해 설명해 주시기 바랍니다.

박구자 변호사 정도전의 최후는 참으로 비참했습니다. 『태조실록』은 그 순간을 다음과 같이 전하고 있습니다.

그때였다. 정도전이 끔찍했던 그날을 회상이라도 하는 듯 두 눈을 지그시 감았다.

박구자 변호사 제가 직접 읽겠습니다.

정도전이 칼을 던지고 문 밖으로 나와서 말하였다.

"청하건대 죽이지 마시오. 한마디 말하고 죽겠소."

소근 등이 끌어내어 정안군(방원)의 말 앞으로 가니, 그때 정도전이 말하였다.

"예전에 공(公)이 이미 나를 살렸으니 이제 또 한 번 살려 주소서."

정안군이 말하였다.

"네가 조선의 봉화백(奉化伯)이 되었는데도 도리어 부족하게 여기느냐? 어찌하여 악한 짓이 이 지경에 이를 수 있느냐?"

이에 그의 목을 베게 하였다.

봉화백
중국 황제가 내리는 작위 제도가 고려 때 행해진 것으로, 정도전의 고향이 봉화이고 백작의 작위가 내려져 봉화백이라 했지요.

이 기록은 단순히 정도전이란 인물의 죽음을 보여 주는 것이 아닙니다. 정변의 승리자가 그 정당성을 확보하기 위해 의도적으로 피고의 생애를 부정하기 위해 조작한 장면이라고 할 수 있습니다. 다시 말해서 왜곡된 것이죠! 누구에 의해서 그리 되었을까요? 바로 피고입니다. 맞습니까, 원고?

정도전 그렇습니다. 박구자 변호사의 말처럼 나는 비참하게 죽임을 당했습니다. 하지만 나는 맹세코 저렇게 목숨을 구걸한 적이 없습니다.

이대로 변호사 이의 있습니다, 판사님. 지금 원고 측에서는 기록문화유산인 『태조실록』을 정면으로 반박하고 있습니다.

판사 기각합니다. 원고 측 변호인의 변론을 계속 듣도록 하겠습

영안 대군

조선 제2대 왕인 정종(定宗, 1357~1419, 재위 1398~1400)을 말합니다. 조선 개국 후 영안 대군에 책봉되었고, 제1차 왕자의 난이 수습된 뒤 왕위에 올랐습니다. 그러나 재임 2년 후 이방원에게 양위하고 물러났습니다.

니다.

박구자 변호사　정도의 차는 있지만『태조실록』에서 원고에 관한 기록은 일단 의심해야 합니다. 특히 정변에 관련된 사항은 기본적으로 '정도전 부정하기'라는 점을 염두에 두고 비판적으로 읽어야 한다는 것이 우리 쪽 주장입니다. 예를 들어 정변 직후 **영안 대군**을 세자로 삼고 내린 교지에 원고의 죄목이 열거되어 있는데요. 즉 세자 책봉을 잘못하였고, 반역을 도모하였다는 것이지요.

판사　알겠습니다. 원고 측 변호인의 말이 사실이라면, 왜『태조실록』에는 이러한 글이 적히게 되었을까요?

이대로 변호사　『태조실록』은 그 객관성과 엄정함으로 인하여 유네스코 세계 기록 유산으로 지정되었습니다. 따라서 좀 전의 변론은 매우 위험한 발언입니다.

박구자 변호사　과연 그럴까요? 역사는 승자의 것입니다. 승자란 살아남은 자를 말하죠. 왕자의 난에서 승자는 누구였습니까? 바로 피고, 이방원이었습니다. 당시 사관은 승자 이방원의 관점에서 원고를 비하하여 실록을 기록했던 것입니다.

이대로 변호사　판사님, 저는 여기서 증인 조준을 내세우도록 하겠습니다.

판사　알겠습니다. 증인은 앞으로 나와서 선서하세요.

대범해 보이지만 어딘지 모르게 두려움에 초조해하는 눈빛의 증인이 등장하자 방청객들은 다시금 웅성거리기 시작했다. 이승에 있을 때 문무에 능하기로 소문난 조준은 지금 이 자리가 부담스러운 듯 불안한 눈빛을 좌우로 굴리고 있었다.

조준 　 나 조…… 조준은 법정에서 진실만을 말할 것을 선서…… 합니다.

이대로 변호사 　 나와 주셔서 감사합니다. 본인의 소개를 부탁드리겠습니다.

조준 　 나는 조선 초기에 좌의정을 지낸 문인으로…….

이대로 변호사 　 증인, 재판이 처음이시죠? 많이 떨고 계시네요. 부담 갖지 말고 편하게 말씀하세요.

조준 　 예…….

이대로 변호사 　 오늘 이 자리에 나오신 특별한 이유가 있다고 들었는데, 무엇인지요?

조준 　 아, 예…… 내가 이곳에 나온 이유는 정도전에 대해 두 가지를 증언하기 위해서입니다. 우선 저기 앉아 있는 정도전 저자는 남은 등과 힘을 합쳐 어린 왕자를 세자로 세웠습니다.

이대로 변호사 　 원고가 왜 그랬을까요?

조준 　 권력 때문이죠. 그, 그…… 그러니까 정도전 저자가…… 작정하고 권세를 마음대로 부리기 위해서였죠. 그뿐만이 아닙니다. 둘째로 정도전은 다른 왕자들을 제거하고자 계략을 세웠습니다. 여…… 여기까지입니다. 감, 감사합니다.

박구자 변호사　　이의 있습니다. 지금 증인은 심각한 위협을 받고 있는 상황에서 발언하고 있습니다.

판사　　심각한 위협이라니, 그게 무슨 말이죠?

박구자 변호사　　말씀드리겠습니다! 피고 이방원은 증인을 원고와 같은 반역의 무리로 몰고 가지 않는 대신 왕자의 난을 수습하는 임무를 맡겼습니다. 증인이 사태 수습을 하고 보니 이성계는 왕위에서 밀려났고 혁명 동지였던 원고는 비참하게 죽어 버렸던 것입니다. 비록 정변 직후에는 수습을 위해 필요한 존재였을지 모르지만 새로운 정권이 확립되고 난 다음에는 옛날 정권 수장은 더 이상 필요하지 않았습니다. 조준은 새로운 정권에서 자신의 위치를 확보하기 위해서 다름 아닌 정도전 부정하기를 감행할 수밖에 없었던 것입니다. 그렇지 않습니까, 증인?

조준　　…….

피고 측 증인으로 출두한 조준은 박구자 변호사의 날카로운 질문에 아무 대답도 하지 못했다. 조준이 당황한 표정으로 고개를 숙이자 방청객들이 또다시 웅성거리기 시작했다.

"뭐야, 그렇다면 정도전 부정하기가 실제로 일어났다는 거야?"

"그렇다면 실록이 위조되었다는 건가? 객관성과 엄정함이 세계 으뜸이라던데."

"당했군! 피고 측에서 믿지 못할 자를 증인으로 데려온 거야."

재판이 시작된 이후 이렇게 소란스러웠던 적이 없을 정도로 큰 소리가 오고 갔다.

　무엇이 진실이고 무엇이 역사일까. 방청객들이 갑론을박하느라 법정 안이 매우 시끄러웠다.

판사　모두 조용히 하세요. 제가 몇 차례 경고를 드렸습니다만 오늘은 더 이상 재판 진행이 불가능할 것 같습니다. 오늘도 양측 변호인의 훌륭한 변론 잘 들었고요, 오늘 재판에서 풀지 못한 과제는 다음 재판으로 넘기도록 하겠습니다. 재판을 이만 마치겠습니다.

　땅, 땅, 땅!

다알지 기자

지금 한국사법정에서는 정도전과 이방원의 두 번째 재판이 끝났습니다. 오늘 재판에서는 이방원의 아버지인 태조 이성계가 원고 측 증인으로 등장하면서 묘한 분위기를 자아냈습니다. 사실 조선을 건국한 태조 이성계가 증인으로 등장할 것이라고는 아무도 생각하지 못했습니다. 원고 정도전은 이성계를 도운 조선의 개국 공신입니다만, 왕보다는 백성과 신하가 중심이 되는 재상 중심주의 사회를 주장했습니다. 그래서 정도전은 이성계의 아들에게 죽임을 당하고 말았습니다. 이는 참으로 묘한 인연이라고 할 수 있습니다. 아버지와 아들 사이에 얽혀 있는 원고 정도전의 인생! 그럼 오늘 재판에서 어떤 이야기들이 오갔는지 박구자 변호사와 이대로 변호사에게 차례로 들어 보겠습니다.

박구자 변호사

　오늘 재판을 보신 분들이라면 아마 역성혁명의
위대함을 다들 느끼셨을 것입니다. 조선이라는 나라
를 세우고, 그 나라를 튼튼하게 만들기 위해 나라의 근본
인 백성을 사랑하고 보호하고 존중해야 한다는 민본의 도덕규범을 실
천했던 이가 바로 정도전이었습니다. 오죽하면 피고의 아버지가 자신
의 아들에게 죽임을 당한 원고를 위해 증인으로 나왔겠습니까? 아무
리 혈육이 중요하다 한들 인간 정도전, 정치가 정도전에 대한 믿음이
더 강했기 때문입니다. 이런 원고를 향해 피고는 간신배라고 했지요.
간신배가 무엇인지 피고에게 직접 설명해 주고 싶을 뿐입니다.

이대로 변호사

　　그래요. 원고 정도전이 간신배가 아니라고 합시다. 그렇다면 유네스코 세계 기록 유산으로 등재된 『조선왕조실록』의 내용이 거짓말일까요? 그럼 지금 국보 제151호인 이 책이 가짜라는 건데 그것은 말이 안 된다고 생각합니다. 제3대 왕인 피고는 다양한 업적을 이루었습니다. 조선을 위해서라면 목숨도 기꺼이 내놓을 정도였지요. 그런 피고는 왕권 중심주의 정치 체제를 주장하였습니다. 그것이 강한 조선을 만들 수 있는 정치 체제였기 때문이지요. 고려 말 남쪽으로는 왜구, 북쪽으로는 홍건적의 침입을 받았던 역사를 아시지요? 그렇기 때문에 보다 강한 국가가 절대적으로 필요했습니다. 이처럼 강한 조선을 만들기 위해 고민했던 피고가 조선의 개국 공신이자 자신의 아버지가 아꼈던 신하를 죽일 수밖에 없었던 이유는 단 한 가지입니다. 바로 조선과 백성을 위해서입니다.

왜 정도전은 새로운 사회를 꿈꾸었을까?

정도전이 꿈꾸던 한양과 조선

정도전은 조선을 세우는 이성계를 도와 새 왕조를 설계하는 큰일을 맡았어요. 정도전은 나라를 바로 세우기 위해서는 수도를 바로 세워야 한다고 생각했어요. 그래서 수도를 한양으로 옮기기도 했지요. 수도를 옮기면서까지 정도전이 꿈꾸었던 조선, 그리고 한양은 어떤 모습일지 유물을 통해 살펴봅시다.

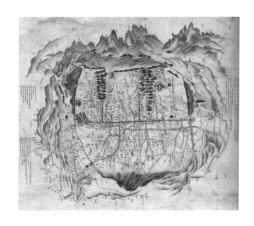

<도성도>

사진 속 유물은 18세기에 그려진 것으로 도성의 모습을 진경산수화풍으로 정교하게 그려진 것이 특징이에요. 왕의 위엄을 부각하고자 상징성을 드러내면서 도성 내부의 지리적 내용은 세밀하게 나타낸 것이 특징이랍니다. 검은색 점선으로는 도성 수비를 담당하는 경계가 표시되어 있고, 도성 문과 각 궁궐 간의 거리도 표시되어 있어요.

<수선전도>

정도전은 조선의 수도를 개경에서 한양으로 옮길 것을 주장했어요. 그리고 한양에 경복궁 및 도성의 자리를 정하고 수도 건설 공사를 총책임지기도 하였지요. 정도전은 서울이 수도로서의 의미만이 아닌 유교적 이상을 담은 곳으로 자리 잡길 바랐답니다.

사진 속 유물은 〈수선전도〉로 한양의 모습을 담고 있어요. 조선 시대에는 수도를 한양, 경도, 경성, 도성, 수선 등으로 불렀답니다. "으뜸가는 선(善)을 건설함은 서울에서 시작된다"는 글에서 나온 말이지요. 사진 속 〈수선전도〉는 1840년대에 만들어진 것으로 보입니다.

<혼일강리역대국도지도>

사진 속 유물은 세계 지도로 현재 일본의 류코쿠 대학에 보관 중이지요. 비단 위에 채색한 이 지도는 정도전이 죽고 나서 몇 해 지나지 않은 1402년에 만들어진 것으로, 지도 우측에 보이는 조선이 실제보다 크게 그려져 있는 것이 특징이에요. 조선이라는 새 나라를 세운 자신감이 드러난 부분이라고 볼 수 있지요. 이 지도에는 조선이 속한 아시아뿐만 아니라 유럽과 아프리카가 포함되어 있답니다.

출처: 국립중앙박물관 도록

정도전은 정말 요동을 치려고 했을까?

1. 명나라에서 왜 정도전을 불렀을까?
2. 정도전이 요동을 치는 것은 가능했을까?
3. 정도전은 왜 군사를 강화했을까?

교과연계

한국사
II. 고려와 조선의 성립과 발전
  2. 유교 정치의 이상을 꽃피운 조선
    (1) 민본 이념을 구현하기 위한 통치 체제를
       갖추다

명나라에서 왜
정도전을 불렀을까?

판사   드디어 재판의 마지막 날입니다. 지금까지 원고가 어떤 인물이었고 어떤 목표를 가지고 있었는지에 대해 알아보았습니다. 오늘은 마지막 날로 당대 최고의 이슈가 되었던 요동 정벌에 대해 알아보도록 하겠습니다. 원고 측 변호인은 설명해 주시기 바랍니다.

박구자 변호사가 법정 가운데로 당당하게 걸어 나왔다.

박구자 변호사   정도전의 요동 정벌 계획은 동아시아 국제 관계에 있어서 상당히 민감한 사건 중 하나였습니다. 특히 중국의 화이론적 세계관에서 요동 지역은 명나라 황제 주원장의 입장에서는 아직 회복하지 못한 영토로서 언젠가는 수복해야 할 지역이었습니다.

판사 그렇다면 원고의 요동 정벌 계획에 명나라의 반대가 있었겠군요?

박구자 변호사 그렇습니다. 명나라는 처음에 조선 건국을 우호적으로 인정했습니다. 조선 측의 승인 요청에 대해서 긍정적인 답신을 보내왔지요. 또한 아직 고려라는 명칭을 바꾸지 않고 있었던 터라 화령(和寧)과 조선(朝鮮)을 국호로 제시하였더니, 주원장은 다음과 같이 답변해 왔습니다.

동이의 국호에 다만 조선의 칭호가 아름답고 또 그것이 전래한 지가 오래되었으니 그 명칭을 근본하여 본받을 것이며, 하늘을 본받아 백성을 다스려서 후사를 영구히 번성하게 하시오.

판사 고려를 무너뜨리고 새로운 왕조를 개창한 것을 오히려 축하한다는 뜻이군요. ▶조선의 역사가 고조선에서 유래된 장구한 역사인 것을 고려해서 국호를 조선으로 인정하고 있는 건가요?

박구자 변호사 그렇습니다. 이에 국호를 조선으로 정한 뒤 고려 공민왕 때 받았던 금인(金印)을 반환하고 새로운 금인을 요청했습니다. 그런데 이 요청에 대해 명나라에서 뜻밖의 태도를 보였는데, 그중에서도 조선의 당국자를 곤혹스럽게 했던 것이 표전(表箋) 문제였습니다. 여기서 한 가지 알아두어야 할 점은 당시 명나라는 어떠한 군사적 움직임도 취

교과서에는

▶ 새 왕조를 세운 세력은 고조선을 계승한다는 의미에서 나라의 이름을 '조선'이라 정했습니다.

칸

5세기 초 이후 몽골 고원에 세
워진 여러 유목 국가의 군주를
부르는 말입니다.

상량

헤아려 잘 생각하라는 말입니다.

할 수 없었다는 것입니다. 원나라가 공식적으로 무너졌지
만 여전히 **칸**(khan)의 후계자들이 살아남아 초원을 누비고
있었습니다. 따라서 요동 정벌을 계획하는 조선을 압박할
방법은 말로 하는 것 외에는 없었던 것입니다. 그랬기에
이성계는 그들의 요구대로 원고를 명나라로 보낸 것이 아
니라 권근을 보내 일을 해결하려 했지요. 일단 그들을 달
래 놓는다면 국난을 초래할 일은 없을 테니까요.

판사 　피고 측 변호인, 반론하시겠습니까?

이대로 변호사 　예, 판사님. 그건 당시 조선의 상황을 최악으로 몰
고 가 심지어 국난을 초래할 뻔했던 사건이었습니다. 명나라 황제
에게 보낸 표전이 문제가 되었는데, 사실 글자로 트집 잡는 게 주원
장의 특기였고 실제 의도는 요동 정벌 계획을 막으려는 것이었지요.
당시 명나라 황제는 다음과 같은 글을 보내왔습니다.

　　지금 조선 국왕 이(李)의 문인(文人)인 정도전이란 자는 왕에게
어떤 도움을 주는가? 왕이 만일 깨닫지 못하면 이 사람이 반드시
화의 근원이 될 것이오. (……) 조선 국왕은 깊이 생각하고 익히 **상
량**하여 삼한(三韓)을 보전하시오.

당시 명나라에서 보내온 글에는 '조선은 신생 왕조로 인하여 멸망
할 위기에 처했다'라는 내용이 담겨 있습니다. 무슨 말일까요? 신생
왕조란 바로 건국 공신이라 자처하는 원고를 일컫는 말이었습니다.

판사 알겠습니다. 원고 측 변호인에게 묻겠습니다. 피고 측 변호인의 말이 사실입니까?

박구자 변호사 사실입니다. 안타깝게도 당시 조선에게 중국이란 한편으로는 자신의 존재를 위협하는, 그래서 힘만 있다면 멸망시키고 싶은, 자국보다 압도적으로 강한 군사력을 갖고 있는 존재임과 동시에, 다른 한편으로는 자국이 지금까지 실현한 적이 없는 문화를 갖고 있는 나라였습니다. 조선에게 중국은 부정은커녕 오히려 그에 의지하면서 우리의 생존을 확보할 수밖에 없는 큰 나라였지요. 하지만 그렇다고 해서 명나라 요구대로 받아들일 수만은 없었습니다. 결국 요동을 정벌하겠다는 원고의 계획도 명나라와 원나라의 전쟁이 아직 끝나지 않았을 때에야 비로소 시도할 수 있는 일이었던 것이지요.

이대로 변호사　　하지만 허울만 좋은 계획은 오히려 명나라의 분노를 일으켰고 신생국 조선을 위험에 처하게 했지요. 만약 왕자의 난이 성공하여 피고가 왕위에 오르지 않았다면 조선은 개국 초기에 명이라는 거대한 적과 맞서 싸워야 했을지도 모릅니다. 그걸 원고는 감당할 수나 있었겠습니까? 못했을 거라고 확신합니다.

판사　　알겠습니다. 여기에서 표전문 사건에 대해 잠깐 짚어 볼 필요가 있을 것 같습니다. 피고 측부터 발언해 주세요.

이대로 변호사　　이 사건에 대해서 피고에게 묻고자 합니다. 피고는 진술해 주시겠습니까?

이방원　　아시다시피 두 번에 걸친 왕자의 난을 통해 내가 왕위에 오른 것은 사실입니다. 하지만 정도전 저자가 먼저 우리 왕자들을 없애려 했고, 힘없는 동생을 꼭두각시 왕으로 내세울 음모를 꾸몄습니다. 그랬기 때문에 내가 저자를 처단하고 왕이 되었습니다.

이대로 변호사　　그랬군요. 여기서 다시 한 번 원고의 권력욕이 얼마나 컸는지를 새삼 느끼게 되네요. 조금 전에 나왔던 문제인데요, 원고가 요동 정벌을 무리하게 추진한 것에 대해 말씀해 주시겠습니까?

이방원　　정도전은 요동을 정벌하기 위해 여진족을 회유하고 비밀리에 군사 훈련을 시켰습니다. 그러자 명나라 태조 주원장은 정도전을 크게 경계해 1396년에 조선이 보낸 표전이 무례하다고 트집 잡아 이것을 교정 본 정도전을 명으로 불렀습니다. 이 일이 표전문 사건입니다. 물론 트집을 잡은 명나라가 괘씸해 보일 수도 있지요. 그리고 정도전은 간사하게도 그걸 이용해 요동 정벌의 기치로 삼았고요. 하지만 여기서 합리적으로 생각해 보지요. 여러분도 동의하겠지만, 힘이 약한 자가 강한 자를 먼저 배척하려 했으니 이런 위기 상황이 벌어진 것입니다. 이처럼 정도전은 국제 질서를 무시하고 자기 권세만 유지하려 했다 이겁니다.

판사　이에 대해 원고 측 변호인, 변론하세요.

박구자 변호사　사실 피고의 말이 맞습니다. 대국인 명나라에서 보았을 때 소국인 조선의 몸부림은 무척이나 번거롭고 또한 괘씸했을지 모릅니다. 하지만 언제까지 그렇게 대국의 눈치만 보면서 살아야 합니까? 결국 피고 이방원 당신이 원고의 요동 정벌을 막은 탓에 이후 당신의 후손들이 크나큰 외세의 공격을 겪어야 했던 것이오.

이방원　뭐라고요?

　양측의 주장은 또다시 팽팽하게 맞섰다. 양측의 주장 모두 틀린 것은 아니기 때문이었다.

2

정도전이 요동을 치는 것은
가능했을까?

판사 잠시 중재하겠습니다. 양측 의견 모두 잘 들었습니다. 이제 원고 측의 의견을 들어 보아야겠습니다. 원고 측에서는 요동 정벌 계획이 현실성이 있었다고 생각하십니까?

박구자 변호사 사실 요동 정벌 계획은 마음이 앞서 서두른 감이 없지 않았습니다. 조선의 요동 정벌은 명나라와 정면 충돌 또는 장기적인 적대 관계로 돌입할 가능성이 있었어요. 심지어 명나라의 응징적인 침략까지 초래할 가능성이 많았지요. 군사적 모험이었다는 것을 인정합니다.

판사 흠, 그렇군요. 그럼에도 불구하고 원고는 무인이 아닌 학자이자 문인으로서 요동 정벌을 실천에 옮기고자 했는데요. 중요한 동기라도 있었나요?

정도전   그렇습니다. 비록 나의 동기가 상당 부분 삭제되어 『태종실록』에 한 토막의 글로 남겨지고 말았으나 요동 정벌의 궁극적인 목표는 바로 고구려의 옛 영토를 수복하는 데 있었습니다.

판사   고구려의 영토 회복이라고요?

정도전   네. 사실 요동 정벌을 지지해 주었던 세력은 조선의 급진적인 소수에 불과했지요. 따라서 명나라와의 전쟁을 가정했을 때 소극적으로 군사적 방어에만 치중하는 것이 사실 효율적이라 할 수 있습니다. 그러나 고구려의 옛 영토를 회복하고자 하는 원대한 이상은 공민왕 대부터 내려오던 민족의 포부였지요. 이러한 민족의 시대정신을 외면하고서는 국가의 존립 기반이 약해지기 마련입니다. 그래서 나는 결단을 내린 것입니다.

판사   그렇다면 피고의 의견을 묻지 않을 수 없겠습니다. 피고 측은 이에 대해 어떻게 생각하십니까?

이대로 변호사   당시 조선은 국가의 안정과 경제적·문화적 이익을 위해 명나라에 대해 사대 외교 정책을 펴고 있었습니다. 많은 사람들이 사대주의라 하면 부정적으로 생각하는 경향이 있지만, 사대주의는 결코 자주 의식의 포기를 의미하는 것은 아니었습니다. 오히려 국제적 고립을 피하기 위해 중국을 중심으로 하는 세계 질서에 참여하는 것이었을 따름입니다.

박구자 변호사   아니, 지금 그걸 말이라고 하는 건가요? 요동 정벌은 굳건한 자주 의식의 토대 위에서 부국강병을 달성하고자 추진한 민족적 과제였습니다.

이대로 변호사　　원고는 요동 정벌이라는 허울 좋은 명분을 내세워 조선 전체를 전쟁 속으로 밀어 넣으려 했던 것을 정녕 모르겠단 말이오? 다시 한 번 말씀드리자면, 원고는 자신의 야욕을 위해 국가를 수단으로 삼는 전형적인 간신배의 모습을 보여 주었다고 할 수 있습니다.

박구자 변호사　　역시 한통속이군요! 피고와 피고 측 변호인 둘 다 왜곡하는 것이 특기인가 봅니다. 고구려의 옛 영토를 되찾겠다는 장대한 포부는 조선의 자주 의식의 출발점이며, 부국강병 정책의 적극적 구현이요, 당시 신흥 사대부의 진취적 사상의 표출입니다. 깎아내리려 하지 맙시다!

　　이대로 변호사와 박구자 변호사는 열변을 토했다.

판사　　양측 변호인 모두 조용히 하십시오!

　　판사가 근엄하게 외치자 일순간에 법정 안이 조용해졌다. 양측 변호사들은 물론 정도전과 이방원은 싸움이라도 할 듯 서로를 무섭게 노려보았다.

판사　　오늘 재판은 양측 간 대립이 팽팽하다 못해 불꽃이 튀는 듯하군요. 이제 내가 질문을 하나 더 하겠습니다. 요동 정벌 계획은 사실 사병 혁파 문제와 매우 깊은 관계가 있다고 들었는데요, 원고 측

은 어떻게 생각하십니까?

박구자 변호사   고려 말에는 여러 장수들이 군사를 개인적으로 소유하여 공적인 군사로서의 기능이 상실되고 있던 상황이었습니다. 원고, 맞습니까?

정도전   맞습니다. 그 상황에서는 공적인 군사 체제가 확립되지 않으면 군인의 수가 아무리 늘어난다고 하더라도 국방 체제가 강화된다는 보장을 할 수가 없었습니다. 사병(私兵)들은 국가를 위해 있는 것이 아니라 개인의 부귀를 위해 존재했기 때문이지요. 나는 왕이든 왕자든 장수든 개인이 군대를 소유하고 지배하는 것을 일절 배격하고 철저한 공병 체제로 전환해야 한다고 판단했어요. 그러기 위해서 정부, 재상에게 군사 통수권이 집중되어야 한다고 주장한 것이지요.

이대로 변호사   좋습니다. 저도 그 뜻에 충분히 공감합니다. 이에 대해 피고는 어떻게 생각하십니까?

이방원   나 역시 어느 정도 동의합니다. 나도 왕이 되고 나서 사병을 혁파했으니 말입니다. 하지만 과연 정도전이 국가를 위해 사병 혁파를 시도했을지 의심이 듭니다.

이대로 변호사   그 이유가 무엇이죠?

이방원   정도전은 군사 통수권을 왕이 가져야 한다고 주장한 것이 아니라 자신의 직책, 즉 재상에게 군사 통수권을 집중시키려 했기 때문이지요. 여기서도 보듯이 정도전이 조선과 백성을 위해 노력했다는 말은 거짓입니다!

> **사병**
> 권세를 가진 개인이 사사로이 길러서 부리는 병사를 말합니다.
>
> **공병 체제**
> 나라의 군대에 속해 있는 병사들을 말하지요.
>
> **군사 통수권**
> 나라의 군대 전체를 지휘하고 통솔하는 권력을 말하지요.

이대로 변호사 그렇습니다. 사병 혁파는 결국 피고가 왕이 된 후
이루어졌습니다. 피고는 조선을 위하여, 백성을 위하여, 부국강병을
이루기 위하여 사병 혁파를 했습니다.

정도전은 왜
군사를 강화했을까?

③

박구자 변호사   명나라와의 전쟁은 왜구나 북방 야인들과의 충돌처럼 소규모의 산발적인 비정규전으로 치를 수 있는 일이 아니었습니다. 대규모 병력이 동원되는 정규전이 필수적이었지요. 그런데 이는 군 지휘 체제가 일원화되지 않고서는 불가능한 일이었습니다. 그래서 원고는 당시 명나라의 지나친 간섭으로 악화된 조정 내의 반명 감정을 이용해 요동 공략이라는 이름하에 사병을 혁파하려 했습니다.

이대로 변호사   원고 측에서 이제야 검은 속내를 드러내는군요. 그렇습니다. 사실 원대한 포부니 뭐니 하면서 요동 정벌을 주장하고는 자신의 권력을 확고히 하기 위해 유사시 위협이 될 수 있는 사병들을 흡수하려 한 것이지요.

박구자 변호사   존경하는 판사님, 이 증거 자료를 살펴봐 주시기 바

랍니다.

판사　　『오행진출기도(五行陣出奇圖)』와『강무도(講武圖)』로군요. 이
것들은 원고가 군사 훈련을 위해 지은 책이 아닌가요?

정도전　　맞습니다. 이 두 권의 책은 내가 요동 정벌을 위해 조선 군
사들을 강도 높게 훈련시키기 위해 쓴 책으로 조선 초의 병제 개혁
을 위한 중요한 서적입니다.

박구자 변호사　　그렇습니다. 요동 정벌 계획은 장기적으로는 요동
을 정벌하고 옛 영토를 회복하는 데 있지만, 단기적으로는 군제 개
혁을 통한 강력한 군사 훈련으로 신생 조선을 지키는 데 있었습니

다. 국력이 약했던 조선의 입장에서 무력 보강이야말로 최선의 방법이었다고 할 수 있습니다.

이대로 변호사   하지만 판사님, 원고의 과격한 정벌 계획은 명나라의 분노를 샀고, 실제로 조선은 국가 전체가 전쟁을 앞둔 불안을 느끼게 되었습니다. 정도전이 죽고 명나라와의 화친이 이루어진 뒤 요동 정벌 계획은 명나라의 분노를 이용해 사병을 혁파하고 원고 자신의 권력을 강화하려 한 음모였다는 것이 드러났습니다. 결국 원고 단 한 사람의 개인적인 영달을 위하여 조선 전체를 위험에 빠뜨렸다고 볼 수 있습니다.

판사   알겠습니다. 이에 대하여 원고 측 변호인 반론하세요.

박구자 변호사   옛날이나 지금이나 군사력 강화는 한 나라의 자주 국방을 위한 매우 중요한 정책입니다. 다시 말해서 병제 개혁과 군사 훈련에 의한 군사력 강화는 국내외의 장애를 극복하고 새 왕조의 안정화를 이루는 최선책이었습니다. 반면에 그것은 사병을 이끌고 있던 사람들의 불만을 야기할 수밖에 없었을 것입니다. 누구나 자신의 것을 빼앗기면 분노하는 것이 당연하지요.

박구자 변호사의 변론에 이대로 변호사가 크게 흥분하여 말했다.

이대로 변호사   뭐요? 지금 왕자의 난을 일으킨 이유가 단순히 사병을 빼앗겼기 때문이라는 겁니까? 어디까지나 분명한 사실인데, 피고가 왕자의 난을 일으킨 건 간신배에게 휘둘리는 조정을 바로잡기

위해서였소.

박구자 변호사　　흥! 주원장이 요동 정벌을 시도한 정도전의 반대편인 이방원에게 힘을 실어 줬다는 것은 알 만한 사람이면 다 아는 이야기 아닙니까? 주원장은 참 좋았겠습니다. 기껏 우리의 옛 땅인 요동을 되찾으려 노력했던 원고를 손 하나 대지 않고 제거할 수 있었으니 말입니다. 그렇게 강대국에 굴복해서 살아가려고 했기 때문에 우리 역사가 위태로웠던 것 아닌가요? 제 말이 틀렸습니까?

이대로 변호사　　아니, 이제는 피고를 아주 죄인 취급을 하는군요. 『조선왕조실록』을 다시 읽어 볼까요? 어디까지나 죄인은 피고가 아니라 바로 저 자리에 앉아 있는 원고란 말입니다.

판사　　양측 모두 진정하세요. 누구나 자기 입장에서 역사를 바라본다는 사실을 오늘 재판에서 뼈저리게 느끼게 되는군요. 음, 오늘은 요동 정벌의 성격에 관해 알아보았습니다.

지금까지 원고 측과 피고 측 모두 성실하게 재판에 임해 주신 데 감사드립니다. 잠시 후 원고와 피고의 최후 진술을 듣겠습니다. 그러고 나서 배심원의 평결이 나오면 심사숙고해서 최종 판결을 내리도록 하겠습니다.

다알지 기자

정도전과 이방원의 재판이 드디어 끝났는데
요. 이번 재판에서 원고는 재상 중심주의를, 피고는
왕권 중심주의를 내세우며 끝까지 대립하였습니다. 그
래서 오늘은 특별히 원고와 피고의 상반되는 정치사상과 관련하여 '마
키아벨리즘'을 소개해 볼까 합니다. 과연 '마키아벨리즘'이란 무엇이고
누가 주장하였을까요? 또한 그것을 바탕으로 볼 때 고려 말과 조선 건
국 시기에 등장하는 정도전, 이방원, 정몽주 이 세 명의 정치가 중에서
가장 바람직한 모델은 누구일까요? 오늘 도움 말씀을 주실 분으로 특
별히 학자님 한 분을 모셨습니다. 안녕하세요?

나역사

　이탈리아의 정치사상가인 마키아벨리(Machiavelli, 1469~1527)는 정치란 도덕에서 독립된 존재라고 주장했지요. 따라서 정치적 목적을 위해서라면 도덕을 지키지 않더라도 목적 달성이라는 결과에 따라 정당화된다고 했어요. 이것이 바로 '마키아벨리즘'이죠! 즉 그는 나라의 지도자에게는 법의 지배와 함께 힘의 지배에 대한 지식과 실천이 필요하다고 주장했어요. 역사를 보면 법이 지배하는 시기도 있었지만 힘의 지배가 필요한 때도 있었어요. 이는 법으로 나라를 다스리려는 노력을 아끼지 않되 그것이 어려울 때는 힘에 의한 지배를 추진해야 한다는 뜻이에요. 특히 위기 상황에서는 힘에 의한 지배가 필요하다고 했지요.

　그렇다면 이러한 마키아벨리의 관점에서 볼 때 고려 말과 조선 건국 시기에 등장하는 대표 정치가인 정도전, 이방원, 정몽주 중 누가 가장 바람직한 모델일까요? 세 사람 모두 주자학을 공부하고 고려 말의 위기를 해결하려 한 정치가였으나 정몽주와 정도전은 권력 투쟁의 희생이 되고 최후의 승리자는 이방원이었지요.

세 사람은 정치적 견해가 달랐는데요. 정몽주는 고려 왕에 대한 의리를 중시하여 역성혁명에 대해서는 끝내 반대 입장을 취했어요. 한편 이방원은 역성혁명의 타당성을 지지했지만 구체적인 정치 이념보다는 권력을 중시했지요. 이에 비해 정도전은 주자학 이념에 바탕을 둔 조선 개국의 계획을 가지고 있었고 그 실현을 위한 권력에의 의지도 강렬했지요. 즉 세 사람을 분류해 보면 정몽주는 이념형, 이방원은 권력형, 그리고 정도전은 이념과 권력의 통합형이라고 볼 수 있답니다. 마키아벨리는 아마도 최후의 승리자인 이방원의 손을 들어 주고 싶은 유혹을 떨치지 못할 것이지만 최종적으로는 정도전을 선택할 것입니다. 왜냐하면 마키마벨리의 사상에는 법과 힘의 지배를 종합하는 메시지가 담겨 있기 때문이죠.

나는 백성이 주인이 되는 세상을
꿈꾸어 왔습니다
VS
정도전은 개인의 권력을 위해
조선을 짓밟았습니다

판사 재판을 마무리할 때가 왔습니다. 배심원단 역시 마음을 결정해야 할 시간이 되었습니다. 마지막으로 당사자들의 최후 진술을 들어 보도록 하지요. 원고와 피고는 신중하게 말씀해 주시기 바랍니다. 그럼 원고부터 말씀하세요.

정도전 존경하는 판사님, 그리고 배심원 여러분, 나는 참으로 억울하고 안타까운 마음으로 이 자리에 서게 됐습니다. 나는 이방원의 계략으로 죽임을 당해 억울하게 이승을 떠나게 되었습니다. 그런데 정말로 역사는 승자의 편인 것 같습니다. 당시 실록을 보면 나에 대해 몹시 부정적으로 기술돼 있더라고요. 이 또한 억울할 뿐입니다. 돌이켜 생각해 보면 나의 개인적인 삶은 핍박과 모험의 연속이었던 것 같습니다. 아버지 때 비로소 개경 땅을 밟아 본 가난한 시골 향리 출신이 개경 귀족들의 눈에는 한없이 촌스럽게 보였을 것입니다. 그뿐만이 아니라 신분적으로도 허물기 어려운 장벽이 평생 동안 나를 괴롭혔죠. 늙고 어린 노비 몇 사람을 물려받은 것이 부모로부터 받은 유산의 전부였습니다.

그렇게 성장한 나의 눈에 비친 개경 귀족들과 권력의 비호를 받는 사찰의 모습은 그야말로 불의와 부정으로 가득 차 있었습니다. 능력을 인정받지 못하고, 빈부의 격차가 하늘과 땅처럼 벌어진 사회를 보고만 있기에는 나의 가슴은 너무나 뜨거웠습니다.

개혁 군주 공민왕이 세상을 떠나고 고려 말 우왕 시대의 혼탁한 세상을 보면서, 정의감이 강했던 난 점차 과격한 혁명가로 변해 갔습니다. 그러나 당시 청년이었던 나의 힘은 그 어둠을 걷어 내기에는 너무나 미약했죠. 마치 사마귀가 수레를 막아서듯이 나는 몸 하나로 권신들에게 저항하다가 참담한 패배를 맛보지 않을 수 없었습니다.

저 머나먼 나주의 외지고 으슥한 부곡 마을에서, 그리고 부평과 김포 등지로 쫓겨 다니면서 고난을 뼈저리게 경험한 유배와 유랑 생활 속에서 나는 백성과 하나가 되는 지혜를 터득하였습니다. 나라를 소중히 여기며 정직하게 살아가는 평범한 백성의 마음속에 엄청난 사랑과 지혜의 힘이 있음을 알았던 것입니다.

당시 내가 개경 귀족의 멸시를 받던 이성계 장군을 찾아간 것은 단순히 뛰어난 무장이 필요하다는 전술적 판단만은 아니었습니다. 이성계라는 인물에게서 개경 귀족과는 다른 일반적인 백성의 정서를 읽었기 때문입니다. 이성계와의 만남은 그래서 혁명의 원동력이

왜 정도전은 새로운 사회를 꿈꾸었을까?

된 것입니다.

　정치가 정도전을 나 스스로 평가해 본다면, 왕조 교체라는 큰 일을 성취했지만 천수를 다하지 못했다는 점에서 절반의 성공, 절반의 실패를 거두었다고 할 수 있을 것입니다. 하지만 그 후의 역사를 볼 때 나를 역적으로 몰아 살해한 저 이방원까지도 내가 초석을 닦은 새로운 통치 철학과 체제에 따라 조선을 통치하였고, 조선 왕조의 역사는 바로 내가 세운 원칙을 따르며 장수를 누릴 수 있었다고 단언합니다. 내가 죽은 지 450여 년이 지난 고종 대에 와서야 반역자의 누명을 벗고 정치적으로 복권되었지만, 나의 사상과 철학은 이미 조선 왕조의 헌법과 제도 속에 녹아 있었던 것입니다. 그렇다면 이방원과 나 가운데 과연 누가 진정한 역사의 승자일까요?

판사　이번에는 피고가 말씀해 주세요.

이방원　존경하는 판사님, 그리고 배심원 여러분, 오늘날 일부 사람들이 나를 가리켜 권력을 잡으려고 친형제까지 죽인 무식한 무사라고 손가락질하는 것을 알고 있습니다. 하지만 난 단순한 무인이 아닙니다. 아버지 이성계의 일곱 아들 가운데 유일하게 과거에 합격할 만큼 문인으로서의 **소양**이 높았지요. 그런 면에서 아버지의 유일한 자랑이 나였지요.

　이런 내가 왜 세자 책봉에서 제외되어야 했을까요? 실제로 혁명이 **풍전등화**처럼 위태롭고 이색과 정몽주 등의 반격이 거셀 때 내가 정몽주를 죽임으로써 조선의 건국이 가능했다는 것은 삼척동자도 아

소양
평소 닦아 놓은 학문이나 지식을 뜻합니다.

풍전등화
바람 앞의 등불이라는 뜻으로, 사물이 매우 위태로운 처지에 놓여 있음을 비유적으로 이르는 말입니다.

책략

어떤 일을 꾸미고 이루어 나가는 교묘한 방법을 뜻합니다.

는 사실입니다. 실제로 조선의 건국에 누가 가장 공이 컸습니까? 그런데도 내가 개국 공신이나 세자 책봉에서 빠지게 된 것은 저 정도전의 **책략** 때문이 아니겠습니까? 더욱이 정도전은 그것도 모자라 우리 왕자들이 거느린 시위패라는 사병마저 폐지시켜 무력 기반을 완전히 말살하려 하였지요. 나는 저 반역자의 손에서 이씨 왕조를 지키려는 충정밖에 없었습니다. 그런 충정 때문에 정도전은 나를 견제하였고, 그래서 내가 개국 공신에도 오르지 못했고, 세자 책봉 경쟁에서도 탈락했던 것입니다.

물론 내가 왕위에 오르는 과정에서 무력적인 방법으로 많은 정적을 제거했던 것은 사실입니다. 하지만 집권 후에는 정도전 등 개혁파 유신들이 제시한 민본 정치 이념과 정책을 계승 및 발전시켜, 위로는 중앙 집권 체제를 강화하고 아래로는 농민 생활을 안정시키려 노력했습니다. 다만 정도전이 국왕보다 재상을 중심으로 하는 집권 체제 강화를 목표로 한 데 반해 나는 국왕을 중심으로 하는 중앙 집권 체제를 이룩하였지요. 왕위에 오른 뒤 나는 제일 먼저 왕족이나 공신들이 개인적으로 거느리고 있던 사병을 없앴습니다. 이것은 실상 정도전의 개혁 방향이었지요. 어쨌든 저항이 만만치 않았지만 결국 사병이 없어졌고, 군대를 장악한 왕의 권력은 더욱 강해졌습니다. 뒤이어 재상의 지위를 약화시키기 위한 제도 개혁이 이루어졌는데 이른바 6조 직계제라는 것입니다. 의정부 대신 왕이 직접 크고 작은 나랏일을 결정하고, 6조로 하여금 왕명을 집행하도록 한 겁니다. 뒤이어 지방을 8도로 개편하고 각 도에 수령을 파견했지요. 수령은 곧 왕의 대리인으로서 그 권한이 강화되었어요.

따라서 태조 때보다 왕권이 한층 강화될 수 있었습니다. 어찌 보면 내가 악역을 맡아 추진한 개혁의 결과로 다음 왕인 세종(재위 1418~1450)이 안정된 왕권과 경제력을 기반으로 유교 문화의 꽃을 활짝 피웠다고 볼 수 있습니다. 즉 내가 기초를 닦아 놓았기에 세종 대에 조선이 사회적, 문화적으로 절정기를 맞이할 수 있었던 겁니다. 그래서 나는 세종에게 왕위를 물려준 뒤 자주 이런 말을 하였습니다.

"모든 악업은 내가 지고 간다. 너는 태평의 시대를 열어라."

존경하는 판사님, 공정한 판결 부탁드립니다.

판사　세 차례에 걸쳐 원고와 피고를 비롯한 여러 증인들의 증언을 잘 들었습니다. 배심원 여러분도 수고 많으셨습니다.

그럼 나는 4주 후에 배심원의 평결서를 참고하여 최종 판결을 내리겠습니다. 이상으로 재판을 마칩니다. 다들 수고하셨습니다.

땅, 땅, 땅!

역사공화국 한국사법정 재판 번호 22 정도전 vs 이방원

주문

역사공화국 한국사법정은 정도전이 이방원을 상대로 제기한 명예 훼손에 의한 정신적, 육체적 손해 배상 청구를 인정한다.

판결 이유

재판 결과 정도전이 조선을 건국하는 과정에서 스승과 친구를 배신 하였다는 점이 증명되었고, 국가의 운영 방침을 스스로 정하고 또한 국가를 위험에 빠뜨렸다는 점은 사실이라고 판단된다.

그러나 재판에서 나온 증거와 증언, 변론을 종합해 보았을 때 정도 전이 죽임을 당할 만한 죄인이었다는 당위성을 찾지 못했다. 또한 고 려 말 혼란했던 시대를 종식시키고 새로운 왕조를 건국하는 데 가장 큰 공을 세웠다는 점도 높이 인정된다.

한편 피고 이방원은 정도전을 살해할 만한 이유가 불충분하며 자신 의 동생을 죽이고 형을 유배 보낸 행위와 더불어 권력을 추구해 벌인 일이라고 판단할 만하다.

우리 역사의 뿌리를 제대로 아는 것만큼 중요한 일은 없기에, 조선 초의 시대 상황을 올바로 공부하는 일은 매우 중요하다. 본 법정은 이러한 중요성을 근거로 하여 이 같은 판결을 내린다.

비록 본 법정에서는 원고 정도전의 청구를 인정하는 판결을 내렸으나, 이방원은 왕위에 올라 수많은 업적을 이룩하였으며, 왕권 강화 정책을 펼침으로써 그의 아들인 세종 대에 이르러 태평성대를 이룩하는 또 다른 길을 제시하였으니 이를 유념해야 할 것이다.

따라서 언제든 이방원의 주장을 보충할 만한 근거가 나온다면 판결이 바뀔 수도 있다. 그러므로 독자 여러분은 항상 열린 시각으로 역사를 바라보고 스스로 판단하는 능력을 기르기를 바란다.

역사공화국 한국사법정 담당 판사 공정한

박구자 변호사와 이대로 변호사,
삼봉 기념관에 가다

'땡동, 땡동!'

"이대로 변호사 계십니까?"

재판에서 패한 이대로 변호사는 큰 충격을 받고 자리에 멍하니 앉아 있었다.

'앗, 혹시 이방원이 재판에 졌다고 찾아온 건가? 설마 자객을 보낸 것은 아니겠지? 아이고, 무서워라!'

"아무도 안 계세요?"

"누, 누, 누구세요? 이대로 변호사님 지방 출장 중이신데요."

"뭐라고요? 지금 이 목소리는 이대로 변호사님 목소리인데? 이봐요, 문 열어요!"

"혁! 어떻게 알았지?"

'쾅쾅, 쾅쾅!'

"나 박구자 변호사라고요!"

"아휴, 난 또……."

이대로 변호사는 얼굴에 흐르는 땀을 닦으며 문을 열었다.

"아니, 박구자 변호사가 웬일이에요? 패자가 뭐 하고 있나 구경이라도 하러 왔나요?"

"이봐요, 이대로 변호사! 나랑 갈 데가 있어요!"

박구자 변호사는 이대로 변호사를 차에 태우고 어디론가 신나게 차를 몰았다. 잠시 후 두 사람이 도착한 곳은 경기도 평택시 진위면 은산리에 있는 삼봉 기념관이었다.

"왜 나를 이런 한옥 마을로 끌고 와요? 여기가 어디죠?"

"이렇게 역사를 몰라서야 어떻게 역사공화국 재판에서 나를 이길 수 있겠어요?"

"뭐, 뭐라고요?"

"여기가 바로 삼봉 정도전을 기리는 기념관이라고요! 나라에서 돈을 보태서 총 10억 원의 경비를 들여 건립한 전통 한옥 건물이죠. 2004년 11월 24일에 개관했어요."

"오, 그렇다면 이 기념관에서 삼봉 정도전이 남긴 시문, 문집 등도 볼 수 있는 건가요?"

"당연하죠! 경기도 유형 문화재 제132호로 지정된 삼봉집 목판과 시문, 문집 등의 유물이 전시되어 있어요. 또한 정도전의 위패와 영정을 모신 사당 문헌사도 있으니까, 그야말로 정도전에 대한 모든

경기도 평택에 있는 삼봉 기념관

것을 알 수 있는 곳이지요."

"······실은 재판에서 지고 나서 많은 생각이 들었어요. 그동안 내가 정도전이라는 인물에 대하여 알고 있었던 것이 사실이 아닐 수도 있다는 생각도 들었고······ 그리고 또······."

"그리고 또 뭐요? 말해 보세요, 얼른!"

"그러니까 재판이 끝나고서 재판에 졌다는 충격보다도······ 그, 그러니까 정도전이라는 인물에 대해 더 알고 싶다는 생각이 들었어요."

"그럼 오늘 이대로 변호사를 이곳에 데려오길 잘했군요!"

"고마워요, 박구자 변호사. 근데 왜 서울이 아닌 경기도 평택에 정도전 기념관이 세워진 것이죠?"

"이곳에 정도전의 후손인 봉화 정씨 집성촌이 있거든요."

"역시 박구자 변호사는 삼봉 정도전에 대해 모르는 게 없군요."

"당연하죠! 그래서 내가 재판에서 이겼잖아요! 호호호."

"인정해요. 그런데 정도전의 무덤은 왜 안 보이죠?"

"지금 여기에는 가묘만 있어요. 정도전이 참수당한 후 어디에 묻혔는지 확실하지 않기 때문이죠. 『봉화 정씨 족보』에 따르면 무덤이 광주 사리현에 있다고 적혀 있고, 김정호의 『동국여지지』 과천현 편에는 과천현 동쪽 18리, 즉 지금의 서울 양재역 부근에 있다고 기록돼 있는 등 그저 추측만 무성한 상황이에요. 정말 안타깝죠!"

"안타까운 일이네요. 그러고 보니 정도전이 역적의 누명에서 벗어난 것도 죽은 지 450여 년이나 지나서였잖아요."

"맞아요. 난세의 영웅은 죽어서조차 무덤에서 편안하게 추앙받는 것을 거부하고, 죽은 껍데기가 아니라 살아 있는 정신이 영원히 이어지기를 바라고 있는 게 아닌가…… 문득 그런 생각이 드네요."

"그런데 저기 현판에 씌어 있는 한자가……."

"유종공종(儒宗功宗)! 유교 학문의 최고 학자이며, 나라를 세운 공적이 최고라는 뜻이에요. 고종 때 삼봉의 명예가 회복되었는데, 그때 '문헌'이라는 시호와 '유종공종'이라는 편액이 함께 주어졌지요."

"듣고 보니 정도전은 아주 대단한 선비임에 틀림없었네요."

"그럼요. 정도전은 한 손에는 붓을 들고 다른 한 손에는 칼을 거머쥔 영웅이자 선비였지요. 그의 붓은 문명 개혁의 좌표를 세웠고, 그

의 칼은 썩은 왕조를 도려냈다고 할 수 있어요!"

"한 손에는 붓을, 다른 한 손에는 칼을 쥐었다…… 정말 쉽지 않은 일을 해낸 사람이군요!"

"당연하죠. 그러니까 내가 재판에서 이길 수밖에 없었던 거예요."

"흥, 너무 잘난 척하지 마요! 언제까지 이길 수 있을지 두고 보자고 요. 언젠가는 내가 한국사법정에서 연타석 홈런을 치는 날이 올 겁니 다. 기대하세요!"

왜 정도전은 새로운 사회를 꿈꾸었을까?

"좋아요!"

삼봉 기념관 너머 하늘에 황금빛 석양이 물들고 있었다. 그것은
마치 명예를 회복한 정도전의 기쁨인 듯 찬란하게 빛났다.

평택에서 정도전을 만나다!

고려 말 조선 초의 정치가이자 학자였던 정도전은 이성계를 도와 조선 건국에 크게 기여한 인물이었습니다. 호는 '삼봉'이었고, 9년간의 유배살이를 하는 등 정치 생활이 썩 평탄하지 않았지요. 하지만 그는 『조선경국전』을 써서 조선 법제의 근본을 이루었고, 여러 방면에서 뛰어난 활약을 벌였답니다. 그런 정도전이 이방원에 의해 참수된 지 약 450여 년 뒤 그의 사당이 세워집니다. 바로 평택시 진위면에 말이지요.

문헌사

정도전 사당의 이름은 그의 시호인 '문헌'을 딴 '문헌사'입니다. 본명 외에 허물없이 쓰기 위하여 지은 이름인 호와 달리 시호는 제왕이나 재상, 이름 있는 학자들이 죽은 뒤에 그 공덕을 칭송하여 붙인 이름을 말합니다. 정도전의 시호가 붙은 문헌사 입구의 홍살문을 지나면 5칸으로 이루어진 사당을 볼 수 있습니다. 이곳에는 정도전의 업적을 높이 평가한 태조가 직접 써서 하사하였다고 알려진 글 '유종공종(儒宗功宗)'이 현판으로 걸려

문헌사 앞 홍살문

있지요. '유종공종'은 '유학에 관한 학문이 으뜸이요, 조선 건국과 수도 한양 건설의 공로도 으뜸이다'라는 뜻으로 공을 세운 정도전을 치하한 글이라고 합니다. 이후에 고종이 편액으로 하사했지요. 문헌사에서는 정도전의 위패와 영정이 모셔져 있는 사당을 볼 수 있을 뿐만 아니라 '조선개국원훈'이라고 새겨진 비문도 살펴볼 수 있습니다.

문헌사 묘비

희절사

문헌사에서 고개를 돌리면 '희절사'라는 사당도 볼 수 있습니다. 정도전의 맏아들 정진이 모셔진 곳으로 평택에 살았던 인물이라고 전해지지요. 때문에 정도전의 후손들이 평택에 터를 잡고 살았으며, 정도전의 사당도 이곳에 지어지게 된 것입니다.

삼봉 기념관

정도전의 호인 '삼봉'을 따라 지어진 이름인 '삼봉 기념관'은 정도전의 저서를 보관하고 있는 장소입니다. 정도전은 학문은 물론 음악, 지리 등에도 재능이 뛰어나서 『삼봉집』, 『정동방곡』 등의 책을 남겼지요.

찾아가기 경기도 평택시 진위면 은산리 189

『역사공화국 한국사법정 22 왜 정도전은 새로운 사회를 꿈꾸었을까?』
와 관련한 논술 문제를 풀어 봅시다.

※ 다음 제시문을 읽고 물음에 답하시오.

(가) 한고조가 장자방을 쓴 것이 아니라 장자방이 한고조를 쓴 것
　　이다.

(나) 왕이 신하만 못하면 신하에게 전권을 맡기는 것이 좋다. 왕이
　　그르다고 해도 재상은 옳다고 말하고, 왕이 옳다고 해도 재상은
　　그르다고 말할 수 있어야 한다.

1. (가)와 (나)는 정도전이 말한 것으로 알려진 내용입니다. (가)와
　(나)를 통해 알 수 있는 정도전의 '왕과 신하'에 대한 생각을 쓰시오.

※ 다음 제시문을 읽고 물음에 답하시오.

정몽주 삼봉(정도전의 호) 자네가 나에게 어떻게 이럴 수가
        있나? 그러고도 이색 스승님께 부끄럽지도 않은
        가? 우리가 나눈 '마음을 같이한 벗'의 맹세도 잊
        은 건가?

정도전 선배님, 제가 선배님보다 다섯 살 아래 후배로 선
        배님을 존경하는 것은 사실입니다.

정몽주 그런데 어찌…… 나와 함께했던 뜻을 버리고 고
        려를 버릴 수 있단 말인가?

정도전 선배님도 창왕을 폐하고 공양왕을 옹립할 때는 뜻
        을 같이하지 않으셨습니까? 그런데 이성계는 왜
        왕으로 못 세우는 것입니까?

정몽주 어허! 같은 고려 왕조 안에서 왕을 바꾼 것은 어떻게 해
        서든 고려를 개혁해 보려는 의지였지, 고려 왕조를 아예

정몽주

없애 버리겠다는 뜻은 아니었네.

정도전 저는 생각이 다릅니다. 선배님처럼 미지근하게 개혁해서는 안 된다고 생각했습니다. 고려는 회생할 가망이 없었으니까요.

정몽주 어허!

2. 이 내용은 정몽주와 정도전의 대화를 상상하여 쓴 것입니다. 만약 나라면 두 사람 중 어느 입장을 선택하였을지 그 이유와 함께 쓰시오.

왜 정도전은 새로운 사회를 꿈꾸었을까?

해답 1 (가)의 한고조는 중국 한나라의 제1대 황제이고 장자방은 그의 공신입니다. 따라서 이 말의 의미는 정도전 자신이 이성계를 발탁하고 군주로 세웠다는 것이지요. (나)를 통해 알 수 있는 정도전의 생각은 왕의 힘으로 나라가 움직이는 게 아니라 신하들의 힘으로 나라가 움직인다는 것이었습니다.

(가)와 (나)를 보면 정도전이 생각한 '왕과 신하'의 관계를 알 수 있습니다. 정도전은 나라가 잘되기 위해서는 왕보다는 신하가 앞장서야 한다고 생각했습니다. 그래서 왕을 잘 이끌고 왕이 잘못한 것도 신하가 바로잡아야 한다고 여긴 것이지요.

해답 2 정몽주와 정도전은 고려 말 혼란기에 나라와 백성을 구하기 위한 방법을 둘러싸고 서로 대립하였습니다. 같은 스승 아래 성리학을 공부한 선후배였던 두 사람은 역사의 갈림길에서 다른 선택을 하게 되고 다른 운명을 맞게 되지요.

정몽주는 혼란에 빠진 고려에 개혁이 필요하기는 하지만 고려를 향한 의리는 지켜야 한다고 생각한 반면, 정도전은 낡은 고려를 버리고 새로운 나라를 세워야 한다고 생각했지요. 정몽주의 충성과 의리도 존경받아야 하지만, 정도전의 결단력도 충분히 존경받아야 한다고 생각합니다. 만약 많은 사람이 구멍이 나서 바닷물이 차오르는 배에 타고 있다면 배를 지키기 위해 수선을 하는 것보다 다른 배로 옮겨 타는 편이 더 많은 사람을 살릴 수 있습니다. 이처럼 이미 혼탁할 대로 혼탁해진 나라를 붙잡고 있기보다 새로운 나라를 세우는 것도 당시의 정치인으로서 내릴 수 있는 결단이었다고 생각합니다. 따라서 나는 두 사람 중 정도전의 입장을 지지합니다.

* 해답은 예시로 제시된 내용입니다.

왜 정도전은 새로운 사회를 꿈꾸었을까?

역사공화국 한국사법정 22

왜 정도전은 새로운 사회를 꿈꾸었을까?

© 문철영, 2011

초   판 1쇄 발행일   2011년 4월 11일
개정판 1쇄 발행일   2014년 4월 4일
개정판 6쇄 발행일   2022년 1월 4일

지은이   문철영
그런이   배연오
펴낸이   정은영

펴낸곳   (주)자음과모음
출판등록   2001년 11월 28일 제2001-000259호
주소   10881 경기도 파주시 회동길 325-20
전화   편집부 (02) 324-2347 경영지원부 (02) 325-6047
팩스   편집부 (02) 324-2348 경영지원부 (02) 2648-1311
이메일   jamoteen@jamobook.com

ISBN 978-89-544-2322-9 (44910)